玄侑宗久

GENYU SOKYU

# ちょっとイイ人生の作り方

NHK「課外授業 ようこそ先輩」
制作グループ＋KTC中央出版［編］

玄侑宗久　ちょっとイイ人生の作り方

もくじ

プロローグ　一生かけて自分の物語を紡ぐために　5

授業❶
人生は一面では語れない　17
人生にタイトルをつける仕事

授業❷
心と体の関係を知る　33
坐禅を組む

授業❸
一二年間の人生の事件史　53
自分に起こった一〇大事件をあげる
給食時間に——玄侑さんへの質問
人生のニコニコマークと泣きマーク
一日目の授業を終えて

取材
「不幸」に対する違った見方を得よう 99

授業❹
自分の物語をつくる 121
玄侑さんの物語発表

授業❺
子どもたちがつくった物語 135
子どもたちの物語の発表（前半）
子どもたちの物語の発表（後半）
玄侑さんの講評とまとめ
授業を終えて

授業後インタビュー 181

## プロフィール　玄侑宗久（げんゆう・そうきゅう）

一九五六年、福島県生まれ。臨済宗妙心寺派福聚寺に生まれる。思春期には寺や僧侶に対する反発を感じ、家出を繰り返す。

高校卒業後に上京、慶応大学中国文学科に進むが、宗教に対する疑問や反発からその道を追究するうちに、逆にさまざまな宗教に興味を持つようになる。

一方、作家になりたいという少年のころからの夢も捨てられず、僧侶になるべきか作家への道を邁進すべきかの二者択一で苦悩。コピーライター、英会話教材のセールスマン、ナイトクラブのマネージャー、ゴミ焼却所の作業員などの職を転々としながら自分の進むべき道を模索する。

結局、恩師の「そんなに悩むのなら両方やってみてはどうか」という言葉で、僧侶と作家両方の道をめざすことを決意し、二七歳のとき出家。その後、実家福聚寺に戻り、副住職になる。『水の舳先』でデビュー。二〇〇一年には『中陰の花』で芥川賞を受賞。見事、僧侶で作家という夢を最高の形で実現させた。今後も僧職の傍ら〝死の周辺での心の交流〟を主題に、執筆活動を行っていきたいと考えている。

最新刊に『化蝶散華』（二〇〇二年二月）がある。

玄侑宗久さんのホームページ　http://www.genyusokyu.com

プロローグ

# 一生かけて自分の物語を紡《つむ》ぐために

——アクロバティックな拭《ふ》き方をなさっていましたね。（図）

なんか、いつもよりペースが速くなっちゃいましたね（笑い）。

——これは、毎日なさるんですか？

いえいえ。お葬式《そうしき》が終わったあとの特別バージョンです。息が切れますなあ。

——お掃除は、お寺では修行という意味もあるのですか？

大事ですね。剃《そ》っても剃っても生えてくる毛といっしょですね。庭掃《にわは》きも、「何のためにこんなにやるんだろう」って、きっと考えるんでしょうね。

——母校の小学校で授業をすることに、何か特別な思いはありますか？

わたしの場合はこの町に住んでいますので、お葬式とか法事も含めて、いろ

んな場面で子どもたちともけっこうお互いに接しているんじゃないかと思います。だから、一過性ではない。授業で会ってそれで終わりじゃないので、そういう意味ではとっても重大です。緊張しますね。

——人前で話されることはふだんの法話などで多いと思うのですが、小学生にするというのは?

考えている言葉と違う言葉でしゃべらなきゃならないんだろうなと思うのです。そのへんが難しそうだという気がします。

自分の人生のことは自分がいちばんわかっていると思うかもしれませんが、まだまだけっこう味わい方が足りないというか、自分の都合で切り捨てている過去の時間があると思います。そういうものも愛《いと》おしめるようになったら、同じ一二歳といっても、もっと幅や深みが出るんじゃないかと思います。人生の味わい方っていうんですかね、今自分が見ている自分に対する見方と、まったく別な見方を手に入れられたら面白いんじゃないかなと思います。

過去のことというのは、自分の思いも含めてもう決まってしまったというふうに思っていますが、じつは今現在の心境しだいで違ったものにもなるもので

す。自分が過去だと思っていることも、それは断片にすぎないんですね。ですから、一生かけて自分の物語を紡《つむ》いでいく。そのちょっとした練習です。それが今度の授業でできたらいいなと思います。

――過去の思い込みを変えるのは、具体的には？

時間が与えてくれる変化というものもありますけども、それは今回は使えない方法なので、別の立場の人は別の見方をしているということを多面的に知ってもらおうと考えています。

自分の過去に対する見方、思い出に対する見方を多面的に考えることによって、味わいやすくする。いやな思い出だと思っていたことが、案外そうでもないんじゃないかというふうに、自分の切り捨てていた過去を、自分の人生の一部として味わえるようになれれば、人生の幅が広がると思います。

味にたとえると、苦《にが》いとか辛《から》いというものも、じつはおいしいんですよね。でも、「苦」と「辛」という文字は、苦《くる》しい、辛《つら》いと読むじゃないですか。だから、どうしても遠ざけがちだと思いますが、苦《にが》いのもおいしい、辛《から》いのもおいしいというふうに、いろんな味覚があったほうが豊かです。そういう意味で

は、自分の過去のなかにある苦《にが》かったり辛《から》かったりする思い出も、じつは自分の人生を豊かにしてくれているんだということを少しでも感じてもらえたら嬉《うれ》しいです。

――自分史をつくることは、五、六十代の人たちの間で流行していますが、一二歳の子どもにそれをさせる意味は？

わたし自身のことを考えても、子どもの時代ほど苦しいときはないと思うんですね。だって、いろんな大人からいろんなことを言われ、どうしたらいいかわからないじゃないですか。親の言うことは聞かないといけないし、でも先生の言うこととは違っていたりする。わたしなんかは、二度と戻りたくない時代です。大人になってよかったなと思うんですけども、そういうほんとに大変な時代を生きてる彼らが、今自分が生きている時間というものに、少しでも取り組みやすくなることがあればいいと思うのです。無理でしょうか？

――今抱えている悩みに向きあうよりは、過去に自分が抱えていた不幸と思えるようなことを見つめ直すのですね。

今ほんとうに悩んでいる苦しい問題は、おそらく人に言えないと思います。

ですから、もう自分の過去になっていて、それを不幸だと思い込んでいることが、じつはそうじゃないものに変質するんだということを練習してもらう。そのことで、いずれ今の苦しさも過去のことになるときが来るでしょうから、そういうふうに応用してくれればいいと思います。過去のことで練習してもらって、今の時間というものをより深く味わう練習ですね。

——人生を味わうというのは?

人生のなかでは、考えることも思い出すことも大事なことなのかもしれないですけれども、今という時間に一〇〇パーセント自分がいるという状態を、われわれの禅宗では特に素晴らしいことと考えるのです。子どもたちというのはどちらかというと、それが無理なく実現できることが多いと思います。

そういう意味では大人より病んでいないのですが、でも、思考のトレーニングをしていないぶんだけ、不幸だとかいやだとか思い込んだものは、やっぱりけっこう堅いものとして心の中にあるのだと思います。

そういうものを引っ張り出してきて、「これも苦《にが》くておいしいね、辛《から》くていけるね」と感じてもらえたら嬉しいですね。「たまには苦いのがほしいな」と

かね。

――うまくいきそうですか？

どうですかねえ。悩んでいないという子もいるかもしれないけど、どういう不幸を出してきてくれるかにかかっているのではないでしょうか。無理に不幸を引っ張り出すつもりはないんですけども、本当にそれが味わい直せるんだと信じたら、けっこう出してきてくれるかもしれない。でも、やっぱり友だちには知られたくないこともいっぱいありますからね。

――授業では、坐禅《ざぜん》にも挑戦します。

坐禅というのは、大人のほうがよくできるというものではないんです。大人でも子どもでもほぼ同じ条件。むしろ体が柔らかいぶんだけ、子どものほうが上手《じょうず》かなという感じがします。

子どもというのは、とにかくいつも動いているじゃないですか。それで、体をピタッと安定させる、体を止めたときに、心もピタッと止まっているというふうに錯覚してくれたら嬉しいですね。

坐禅というのは、ある意味では錯覚の文化だと思うのです。体は心を容《い》れる

器ですから、その器のほうを整えていこうというのが坐禅という文化なのです。体で心をコントロールできるんだという発想が持てれば、腹が立ちやすい姿勢とか、感謝しにくい姿勢とか、そういう体の状態で気持ちが変わるということを感じてもらいたい。

あまり心を絶対視しないほうがいいということを感じてくれれば、これから先、深刻に思い詰めたときに心そのものをばかにするっていうんですかね、そういうテクニックもあるということを知ってもらえたら嬉しいですね。

――心をばかにするというのは？

心は目に見えないし、どこにあるかもわからない。神様だってそうじゃないですか。仏様も目に見えないし、どこにあるかわからない。神仏はないがしろにされてますけど、「心」の場合はどうもみんな大事なものとして奉《たてまつ》りすぎている気がするんですね。あんまり奉るもんだから、心に振り回されてしまうことがあるのだと思います。

容れ物しだいというところがあると思うのです。体が心を容れる容れ物ですから、容れ物の変化で心も変化してしまう。「なんだ、その程度のものなんだ」

っていう体験ですかね。深刻な悩み自体は、いくら体を整えても解消されることはないと思いますけども、悲しいときこそ背筋を伸ばして悲しみにくい姿勢をとってみれば、いくぶん楽になるということは体験できると思います。

背筋を伸ばして空を見上げて、それでも悲しさが残っていれば泣けばいい。悲しいときは自分で悲しみを増幅していく姿勢をとってしまいますから。逆に、楽しいとき嬉しいときに胸を張りすぎると、それも増幅される。増幅してもいいのかもしれないけれども、そういう心と体の微妙なかかわりを、ちょっとだけでも感じてもらいたいですね。

世の中にはわからないことがたくさんありますが、じつは自分自身のこともわからない。わからない自分を生きていくのはとても苦しいし、不安なことなのです。それで、われわれは自分の人生に何らかの物語をつくっていきます。その物語は単純じゃないほうが面白い。

例えば、幸せ、不幸せという考え方は、他人との比較のなかで成り立っている価値観です。悲しい、苦しい、楽しい、そういうことは、比較なしに自分の感情としてあるわけです。でもそれを振り返って、あれは不幸だったなと思う

心のどこかには比較があるんですね。ですから、比較によってできる幸せとか不幸せの価値観は、物語としては非常につまらない。

だけど、「幸せだ」と言っていると、幸せはほんとうに人を幸せにする力を持っていますので、それは人にうつります。幸せもうつるし、不幸せもうつります。ですから、自分の人生をそういう単純なラベリングでおさめてしまってほしくない。もっともっと、人生とはわけのわからないものじゃないですかね。わけのわからないものだから、たぶん人は一生かけてそれを味わっていく。物語をつくり続けていくんだろうと思います。

（聞き手：川崎直子）

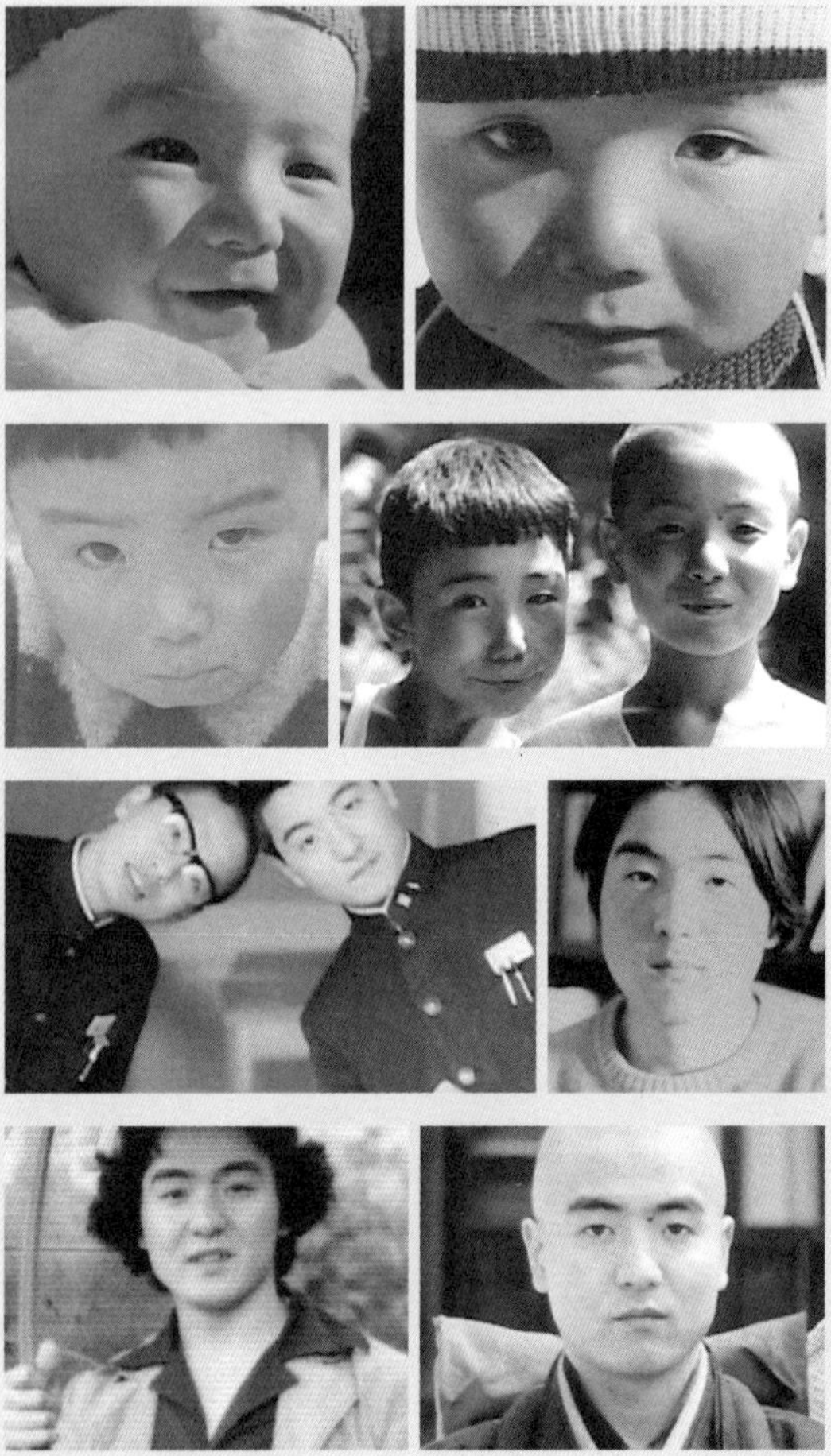

玄侑さんのアルバムより

## 玄侑さんの登校風景

――昨夜はよく眠れましたか？

はい。ぐっすりと。今日は最高の天気ですね。ほら、ツツジまで咲いてる。わたしに髪の毛があったら、この風の様子もご覧いただけるんですけどね。

――通学路に思い出は何かありますか？

お寺の裏山の墓地が通学路でした。ここは、大勢眠っていて賑《にぎ》やかですよ。お墓では、よく遊びました。ここで、いけないこともしてしまいました（笑い）。例えば、お墓を跳《と》び箱の代わりにしてしまうなんてこともありました。

――歩くのがお速いですね。

習《なら》い性ですね。僧堂の修行時代の先輩方の足がとっても速いんですよ。ですから最初、わたしは走らないとついていけないくらいだったのですが、半年もするとだんだんついていけるようになって、いつのまにか速くなっていました。

――いつもはどのくらいの速さで？

散歩のときはそうでもないのですけど、托鉢《たくはつ》のときは時速八キロぐらいは出

しているんじゃないでしょうかね。困ったもんです。

でも、日本一速いのは、大阪の人だそうですね。いらち（せっかち）なんでしょう。わたしの女房が大阪出身なので、二人で並んで歩くとすごく速いですよね。

――今日の授業は？

今日は、子どもたちに、しぶとく生きるための知恵をつかんでもらえたらなと思います。へこたれない、めげにくい……、いろんな角度から自分の人生を愛せちゃう。そんな体験をしてもらいたいと思います。

# 授業❶

# 人生は一面では語れない

玄侑宗久さんは、自分が生まれた福島県三春の禅寺の副住職である。

紺《こん》の作務衣《さむえ》を着て、教室に登場。いきなり、死後の世界やお寺の仕事の話で、賑《にぎ》やかな応答の授業の始まりになった。

和尚《おしょう》の大事な仕事の一つ、戒名《かいみょう》をつけることは、人の人生にタイトルをつけるようなもので、これは玄侑さんのもう一つの職業、小説家の仕事に通じるものだという。

人は一面だけではわからないことを、戒名の話を通して、まず子どもたちに伝えた。

# 人生にタイトルをつける仕事

## 死んだらどうなる?

（玄侑さん、教室に登場）（拍手）

**玄侑**　おはようございます。わたしのことは知っていますか?（黒板に自分の名前を書く）読めますか?　ゲンユウ・ソウキュウと申します。

みなさんのお父さんやお母さんと同級生だったりするんですけれどもね。当年、四五歳です。わたしのお寺はわかりますか?

**子どもたち**　はい。

**玄侑**　わたしは、お寺の和尚《おしょう》さんという仕事と、もう一つは小説を書くということを最近はやっております。お寺の和尚さんはどういう仕事をするか知っていますか。

**女子**　お経《きょう》を読む。お葬式《そうしき》をする。

**男子**　坐禅《ざぜん》もする。

**女子**　掃除《そうじ》とか、落ち葉掃《は》きをしている。

**玄侑**　落ち葉掃きね（笑い）。それ以外は、何をしているでしょう……。そんなものですかね。

お経には何が書いてあるか知っていますか。だれかお経をあげられる人はいますか。わたしは、六年生のころには今読んでいるお経はたいてい読めて、いろいろなところでお経をあげていました。

**子どもたち**　すごいね。

**玄侑**　お寺の仕事は、掃除をしたり、お経をあげてお葬式とか法事《ほうじ》をしたり、悩んでいる人がお寺に訪ねてきたら相談にのったりということもあります。いろいろなことができる仕事です。例えば畑をやってもいい。農業をやってもいいでしょう。それから、お祭りなどのイベントもお寺でやりますね。お寺の本堂でコンサートをやったりもします。だから、何をやってもいい場所です。

昔は、お寺が学校でした。今みたいな学校ができたのはいつごろか知っていますか。

**男子**　明治？

**玄侑**　明治ですね。明治五年に、学校をつくりましょうという法律ができました。それ以前は、学校はお寺でやってました。今の公民館も文化センターもなかったから、お寺の本堂でやっていました。

お寺は、お葬式をしますよね。みんなは、死んだ人を見たことがある？

**男子**　一回だけある。

**玄侑**　じゃあ、動物が死んだのなら、見たことのある人？（何人か手をあげる）

生き物は、死んじゃったらどうなるか、知ってる人？

**男子**　腐《くさ》る。

**玄侑**　腐るか。腐ったのを見たの？　何が腐ったの？

**男子**　うちの死んだ犬がちょっと腐りかけていた。

**玄侑**　腐りかけるまでおいといたの？

**男子**　犬が逃げて、三日ぐらい捜《さが》してるうちに、隣《となり》の家の畑で死んでるのが見つかって、そのとき、多少腐りかけてた。

**玄侑**　人間でも動物でもそうだけど、死んだらどうなっちゃいますか？

**男子**　冷たくなる。

**玄侑**　冷たくなるし、放っておけば腐ったりもするんだけど、死んだあとの世界っていうのは何かあるのでしょうか。

男子　三途《さんず》の川がある。
玄侑　三途の川？　三途の川っていうのがあるという話はあるよね。
女子　本当にあるかどうかは、まだ死んでないからわからない。
玄侑　三途の川を渡るにはどうするんだっけ？
男子　船に乗ってゆく。
玄侑　船に乗るのに料金はかからないのですか？
男子　かかっちゃう。死ぬ人はお金を持っていく。
玄侑　死んだ人を棺桶《かんおけ》に入れるときに、六文銭《ろくもんせん》というのを入れない？　昔のお金ですけれども、六文銭というのを入れて、それが三途の川の渡し賃《ちん》だといわれてます。三途の川って本当にあるのかね。
男子　うちのおばあちゃんは、もういなくなったんだけど、一度だけ死にかけたことがあって、三途の川を見たあとに、我《われ》に返ったというか……。
玄侑　生き返ったんだ。じゃあそれは、かなり確かかもしれないな。
　三途の川以外では、ほかに何か知っている？
女子　地獄《じごく》と天国。

玄侑　天国ってどういうところ？

女子　楽園。いいところ。

男子　神様がいて、天使がいて、なぜかサツマイモが植えてある（笑い）。

女子　なんでサツマイモなの？　わけがわからん。

玄侑　サツマイモね。それは初耳だけれども。神様がいて、天使がいるんだ。それはあまり仏教的じゃないね（笑い）。仏様《ほとけさま》がいるというのは、聞いたことはあるよね。

　神様がいて仏様がいて……。それは別の世界なのかな。三途の川の向こうで神様と仏様が仲良くやっているのもいいな。

　三途の川を見てきた人はいるみたいですけど、ほかにだれかが、死後の世界についてこう言っていたということはないですか。

男子　死んだら、生まれ変わる。来世に変わっていく。

玄侑　死んだら、魂が体から抜け出して、そして今度、牛になったりする？

女子　しないよ。また人間になりたい。

玄侑　また人間になりたいということは、人間というのはかなり楽しい？

女子　今度は男の子になりたい（笑い）。

**玄侑**　そうなんだ。男の子のほうがいいなあという感じがしているの？

**女子**　なんかずっと女の子だとつまらないから。

**男子**　死んだあとの話をテレビで見たことがある。バスが転落して、みんな死んじゃうの。だけど一人だけ戻ってこれるんだって。三途の川を渡って、一〇〇年くらい経ってまた生まれ変わるという話だった。

**玄侑**　一〇〇年ぐらい経ってから生まれ変わるんだ。みんなは、いろいろ聞いているんだね。

お坊さんは、亡《な》くなった人を送り出す仕事をします。それがお葬式ですけど、じつはわたしも、死んだあと、どうなっちゃうのか、はっきりとはわからないんです。わからないのにやっているという非常に無責任なことです。

今日はいい天気で空がきれいですけれども、ああいう空からやってきて、ああいう空へ戻って行くのかなというイメージを持ったりしながら、亡くなった人を送り出しています。けれど、実際のところは死んでみないとわからない。だれか死にかけて戻ってきたら、教えてください。

**子どもたち**　えーっ！

**玄侑**　死んじゃったあとのことは、そういうわけで、わからない。キリスト教では、天国といいますね。仏教だと極楽《ごくらく》といいます。あるいは地獄というところもある。わからないから、いろんな考え方が生まれたんですね。どれが正しいというのはわからない。みんなのお父さんやお母さんが死んだあとも、どうなるのかは、はっきりわからないと思います。

### 戒名《かいみょう》は人生のタイトル

**玄侑**　では、生きている間のことはどうなんですかね。人生ってどういうものかが、わかる人はいる？　生きていくということは、どういうことなんでしょう。

人それぞれですよね。人生というものが何年ぐらいの長さになるかもわからないよね。いちばん長く生きた人で、何歳ぐらいの人を知っている？

**男子**　うちのひいおばあちゃんは九六歳だった。

**男子**　きんさん、ぎんさんがいる。

**玄侑**　きんさん、ぎんさんは何歳だっけ？　日本人では、記録になっているいちばん長い人では、一三一歳です。世界ではイギリスの人で一五二歳の人。

**子どもたち**　うわっ！

**玄侑**　かと思うと、三〇歳とか、四〇歳で亡くなっちゃう人もいますよね。だから、どういう人生だったかというのもほんとにみんな違いますよね。みんな今は同じクラスで同じようなこ

らない。

とを勉強して、似たような生活ですけれども、これから先、どんな人生を送っていくかはわかない。

何十年か経って死んじゃったときに、お坊さんはお見送りをするんですけど、そのときにその人の人生がどういう人生だったのかを、家族の人とかにいろいろ聞きます。そして、じつは「戒名」というものをつけるんですね。戒名は、この人はこういう人生だったというのを、漢字の何文字かで表すもので、それをつけるのはやっぱりとても難しいのです。

亡くなったおじいちゃんとかおばあちゃんとかの位牌《いはい》が家にあるでしょ。みんなは、おじいちゃんとかおばあちゃんが実際に生きていたときのことを思い出すでしょうけども、みんなの子どもの時代になったら、もうわからないでしょう。位牌には亡くなった人の戒名が書いてある。だから、それを見たらどういう人だったかを思い描けるような戒名をつけなきゃいけないんです。それがとっても難しい。お坊さんの仕事のなかでも、とても大事な仕事なんです。何十年か生きたその人の人生にタイトルをつけるようなものですよね。

わたし自身には、すでに戒名があります。わたしの位牌をつくってきたんですけども、「玄《げん》侑宗久《ゆうそうきゅう》」というのは、じつはわたしの戒名なんです。

戒名は、ふつうは死んじゃったあとで、こういう人だったなというふうにつけるんですけど

も、わたしの場合には、こういうふうな人になりたいなというのも含めて、もう戒名ができています。戒名そのものが名前になっています。意味は「宇宙の根源から喜びをもたらして、その原理がずうっと、永久に保たれる」っていうんですから、ちょっと大変な目標ですね。

（板書）「新歸元玄侑宗久居士」。これは、読めますか？　ちょっと難しいね。「歸」は「帰」の昔の字です。「新歸《しんき》元《げん》」は、「新しく元に帰った」という意味です。「居士」は、「イシ」じゃないんだな。「コジ」と読む。わたしの予定としては、二〇七五年の一一月三日ぐらいに死のうかなと思っています。

**男子**　えーっ！　「死のうかな」というのは？

**玄侑**　二〇七五年だから、わたしはちょうどそのとき一二〇歳になります。一一月三日というのは、この季節は紅葉《こうよう》がとってもきれいでしょ。桜の木とかいろんな木が紅葉してとてもきれいなので、そのころがいいかなと。

## 「小原《お》庄助《はらしようすけ》さん」の戒名と、その人となり

玄侑　みんなは、小原庄助さんという人を知っていますか？

男子　知らない。

玄侑　それは困るな（苦笑）。小原庄助さんって聞いたことがある人？　えっ、こんなはずではなかった。小原庄助さん、知らない？

男子　知りませんよ。

玄侑　会津《あいづ》磐梯山《ばんだいさん》の歌を知らない？　だれか、歌が得意な人いる？　「♪エンヤー　会津磐梯山は宝の山よぉ」って、聞いたことある？　「♪小原庄助さん、なんで身上潰《しんしようつぶ》した」

男子　身上？　もっとわからない。

玄侑（苦笑）まずいな、ほんと。「♪朝寝《あさね》朝酒《あさざけ》朝湯《あさゆ》が大好きで、それで身上潰した」って。これ、ほんとに聞いたことがないの？

男子　知らない。わかりません。

玄侑　そうか。これは予想外だったな、ふーん。お父さんとかお母さんは、きっと知っていると思います。知ってるけど、小原庄助さんのことは、朝寝朝酒朝湯が大好きだった人としか知られていないと思います。有名なので、会津若松に行ったら「庄助弁当」も売っているよ。

でも、じつはこの人にはまったく別の面があるんですよ。

例えば、冗談《じょうだん》ばっかり言っている人がいるけど、じつはその人はそういう面ばっかりじゃないよね。とっても真面目な面もあるんですよ。人は見かけによらないと言うじゃない。おとなしいと見られている人も、じつはおとなしくはない面も持っているとか、みんなの前では別の顔をしているとか、そういうことってあるでしょう。

自分のことというのは、全部、他人がわかるもんじゃないでしょ。なかなかわからない面もあるんだよね。人間はいろんな顔を持っているんですよ。同級生に見せる顔もあれば、先生に対して見せる顔もある。

読めますか?

顔がたくさんある観音様《かんのんさま》って見たことがあるでしょ。みんなはいくつかの顔を持っているんですね。小原庄助さんというのも、朝寝朝酒朝湯が大好きだったとしか知られていないんだけど、じつはこの人のお墓に行くと、こういう戒名が書いてあるのです。「義勇道忠信男」。これは、読めますか?
**女子**　わかんない。ギユウドウチュウシンオ?
**玄侑**　シンオ?「信男」は、だれだれさんとか、君とかいうのと同じような敬称で、「シンナン」と読みます。この戒名は、ものすごく硬い感じがします。義理堅くて、勇気がある。ところで、「道」って何？

**男子**　歩くもの。通るもの。

**玄侑**　道の反対語は、知っている？

**女子**　チミ（笑い）。

**玄侑**　右の反対語は？

**子どもたち**　左。

**玄侑**　上の反対語は？

**子どもたち**　下。

**玄侑**　『反対語辞典』というのがあるんですけれども、それで「道」を調べると、反対語は「露地《ろじ》」です。道は終わらないものなんです。どこまでも終わらないものが道です。

それは余談ですが、義理堅くて勇気があって、どこまでも終わらない一本の道を歩んだ忠義《ちゅうぎ》の人。忠義というのは、自分がいちばん偉いとは思ってないんです。自分よりも偉いなと思っている人のためにがんばった人ですよ。

それは、朝寝朝酒朝湯とずいぶん印象が違うでしょう。朝寝朝酒朝湯が好きだったことは確かなのですけれども、それは歳をとってからのことです。

若いときにはどういうことをしたかというと、庄助さんは、それこそ本当の道、道路をつくった。昔は道路をつくるのは、とっても大変でした。例えば、大町の道路をつくるとなったら、大町の人たちの全員が出て、働いたのです。新町の道路をつくるときは、新町の人たちがみんな出てきてスコップで掘ったり、朝から晩まで働いたんです。

それが、山奥の道路となると、そこにはだれも住んでいないでしょう。だれも住んでいないけど、今みんなが通っている道路があるじゃない。あれもつくらなければならないわけだから、町中の人が今度は、山奥のほうに行って道をつくる仕事をしたのです。そういう労働があんまりきつすぎると、みんな、へばっちゃって、夜も眠れないぐらい疲れる。それでも、仕事に明日も出なさい、明後日《あさって》も出なさいと言われるものだから、みんなは怒っちゃった。それで「ちょっと労働がきつすぎる、もうちょっと時間を減らしてくれ」ということを訴えたのですけれども、その訴えたときのリーダーが小原庄助さんだったのです。

だから、庄助さんは、とっても勇気があって頼りにされていた人だったのです。とても人気があったから、「朝寝朝酒朝湯が大好きで」という歌に残っているのですね。だけど本当は、こういう立派な面があった人なんです。

戒名と小説家

**玄侑**　そうすると、ああいう面もあった、こういう面もあったというところが、だれの人生にもあるでしょう。いろんな面があるのに一つの戒名をつけなければならない。戒名でその人の全体、その人の人生を表すなんて本当に難しいよね。でも、わたしらは仕事として戒名をつけなければならないというのがありまして、とてもびびっちゃうのです。

戒名をつけてはみたけれども、本当にこういう人だったのかな、そうじゃない面があったのではないかなということが気になってしょうがないということがあります。戒名で表現しきれなかったその人の人生をなんとか表現できないか、ということが小説を書く動機になったこともあります。お坊さんという仕事と小説を書くという仕事は、だから関係しているんですね。

それで、今日はみなさんに、わたしがやっているようにお話を書いてもらいたいと思います。

書く前に、ちょっとみなさんの体を使った実験をしたいと思います。書くときには、体も大事なのです。それで、運動着に着替えてもらうことになりますので、この時間はいったんここで終わります。

# 授業 ❷

# 心と体の関係を知る

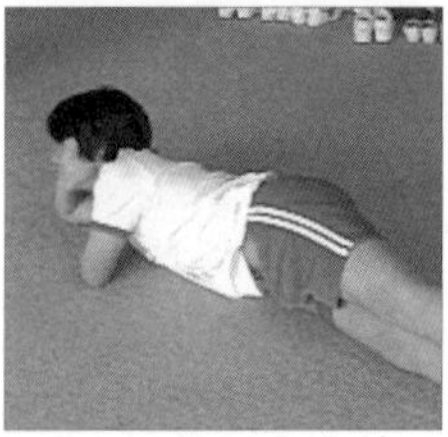

「心って何だろう？」と、玄侑さんは子どもたちに問いかける。

声や体の姿勢で、気持ちも変わる。「アー」「イー」と声を出して、そのときの気持ちを考えてみる。それから、心と姿勢についても、その関係を考えてみよう。

玄侑さんは、体は心の容《い》れ物だから、体が心を左右していることを知ってほしいと思っている。

本格的な坐《ざ》禅《ぜん》は、その「心と体の関係」を知る体験である。

# 坐《ざ》禅《ぜん》を組む

## 声によって気分が変わる

子どもたちは体操着に着替えた。玄侑さんも衣《ころも》に着替えて、手には磬《かね》を持った。そして体育館までの廊下《ろうか》を玄侑さんに導かれて、子どもたちが続く。玄侑さんは歩きながら何度も何度も磬を「チーン、チーン」と鳴らす。これは、行く手にいるアリなどの小さな生き物にも、「これからそこを通りますよ」ということを知らせる合図でもあるという。

**玄侑**　今、みんなは座布団《ざぶとん》に坐っていますけれども、座布団には正しく坐ってくださいね。座布団には前と後ろがあります。座布団の前を前にして坐ってくださいね。座布団は正方形じゃないですよね。座布団の前後ろがわかる人？　座布団には縫《ぬ》い目が三方にあるので

す。縫い目のないところが正面です。縫い目のないところを正面にすると、座布団に描かれた円の切れ目が左側にくるはずです。わかりましたか？

これから心と体の関係についての実験をします。それではまず、「ア」という音を言ってください。せーの。

**子どもたち**　アー。

**玄侑**　もう一回。

**子どもたち**　アー。

**玄侑**　声を出したときに、自分がどんな気分になるか確かめてください。

じゃあ今度は「イ」でいきます。せーの。

**子どもたち**　イー。

**玄侑**「ア」と「イ」で、どんなふうに気分が違いましたか？　どっちのほうが何となく明るい気分ですか。

**女子**「ア」だわ。「イ」は暗いです。

**玄侑**　今度は「ウ」でやってみましょうか。せーの。

**子どもたち**　ウー。

**玄侑**「ウ」という音は、何となく頭が働いている感じがしない？
　もう一回、「ア」をやってみますね。「ア」をやっていると、あんまり考えてない感じがすると思うんだけど。せーの。

**子どもたち**　アー。

**玄侑**「ア」という音を言いながら、考えごとはしにくい。どっちかというと明るい気分になっていくことがわかる。「イ」という音は？

**男子**「イ」はちょっと暗い感じです。

**玄侑**　ちょっと暗い？　だんだん腹が立ってくるような感じ？　そこまではいかないか。
　昔から言われていることなのですけれども、「ア」という音は明るい気分になる。「イ」という音は暗くなったりイライラしてきたりします。「ウ」という音は、頭がすごく働く音なので、考え事もできる。もう一回「ウ」をやってみましょう。「ウ」だと考えられるでしょう。

**男子**　確かに。

**玄侑**　確かにそう感じる？　声によって気分も変わるのです。

## 目を下に向けると、ものを想う

**玄侑**　では、一度目を閉じてください。今現在、みなさんは何も見えていませんね。目はまっすぐ見ていますか。瞼《まぶた》の裏の正面を見てくださいね。それからまず目線を下のほうに向けてみてください。顔はそのままでいい。瞼の中で目線を下のほうに向けてください。そうすると、なんか考えちゃうのですね。

はい、そのまま目線を上のほうに持っていってください。顔はまっすぐのままでね。

はい、目を開けていいですよ。どう違う？

**男子**　上のほうを見ていると、何か疲れる。

**玄侑**　上を見ていて、何か考える？

**男子**　考えない。

**玄侑**　下は？

**男子**　下は、何となく考える。

**玄侑**　みんなは、眠るときはどうしていると思いますか？　眠るときは目を閉じて、どっちのほうを見ていると思う？

下だと思う人？　はい。上だと思う人？　半々ぐらいだね。眠るときは上にならないと眠れ

ないのです。もう一回目を閉じてみてください。上を見てください。あんまり激しく真上のほうを見ようとしないでね。そうすると疲れますから。上のほうを見ている目だと、ものが考えられなくなります。

今度は下のほうに向けてください。目線を下のほうに向けていると、いろいろなことが思い浮かんできちゃいます。考えちゃいます。まっすぐに戻してください。どうでしたか？

**女子**　上を向いているとなんか眠くなる。

**玄侑**　それが自然なのです。眠るときは目は上にいっています。じつは死ぬときも上にいきます。眠るときは、上にいかないと眠れないのです。みんな夜早く寝ようと思っても眠れないときがあるでしょう。眠れないときは目を閉じているんだけど、目線が下のほうにいっているからいろいろ考えちゃうのです。自分で眠りたいと思ったら、目線を水平よりも上にもっていって、左右に揺《ゆ》らしてやったら、すぐ眠れます。

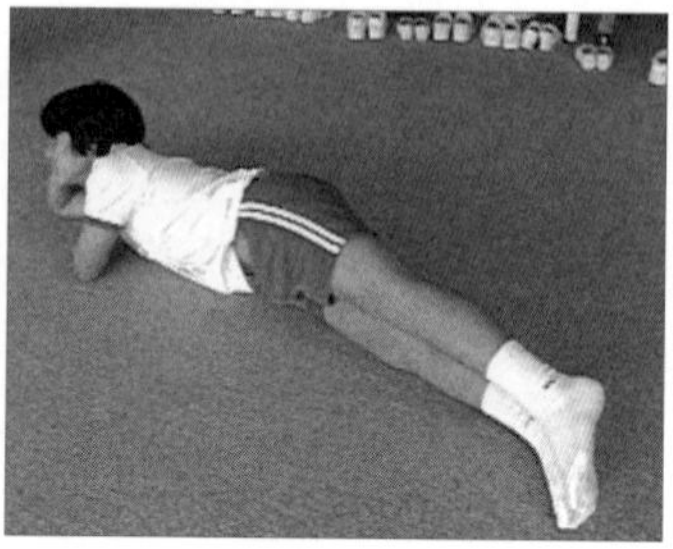

「厚史君、ありがとうね」

## 体が心に関与する

**玄侑**　では、横向きに寝ころんだ姿勢で心から感謝ができるでしょうか？

菊田君はだれに感謝していますか？

**菊田**　厚史君に。

**玄侑**　なぜ感謝するの？

**菊田**　いつも仲良くしてもらっているから。

**玄侑**　それでは、ちょっと横向きになって寝ころんで、厚史君を見て、それで心から「厚史君、ありがとう」って感謝してみてください。

**菊田**　厚史君、ありがとうね。

**玄侑**　渡邉《わたなべ》君。菊田君が君に感謝していると言っているけれど、気持ちが伝わってくる？

**渡邉**（厚）こない。

**玄侑**　そうか。菊田君、伝わってこないって（笑い）。

正座して

平伏して

きた！

**菊田**　そんなことはないでしょう。

**玄侑**　ちょっと感謝を伝えにくい姿勢なんだな。じゃあ、感謝が伝わりやすい形で感謝してみてください。

（菊田君、正座して「ありがとう」とつぶやく。それからさらに平伏《へいふく》した姿勢をとった）

**渡邉（厚）**　きた！

**玄侑**　体がこういう格好をとったときに初めて、感謝の気持ちが伝わったのですよね。別に、横になっていたって感謝できるんじゃないかと思っているかもしれないけれども、じつは伝わらないのです。つまり、心というのは、それが入りやすい体の状態におさまるのです。ということは、心は体に逆らえないのです。
　こういうのをもうちょっとやってみましょう。じゃあ、白石君。「はあはあ」と速い呼吸をしてみてください。目も閉じてもらおうかな。速い呼吸をしながら、静かな安らかな気持ちになってください。どうですか？

**白石**　いや、できない。

**玄侑**　愛ちゃんは音楽が得意なんだっけ？　じゃあ、できるかな。速い呼吸をしながら、静かな気持ちになってみてください。目をつむって。速い呼吸。犬みたいにお腹が揺れているね。できますか？

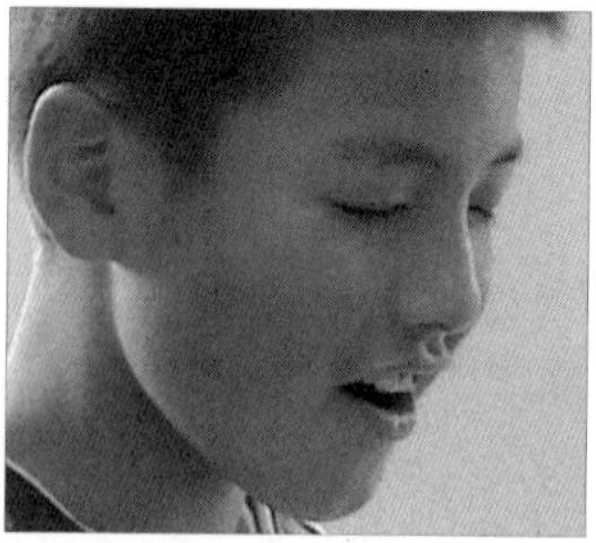
「はあはあ」

　じゃあ、今度はゆっくり呼吸をしてみて。

**門馬**　なんか静かな気持ちになる。

**玄侑**　呼吸も、気持ちに関係ありそうですね。そうすると、静かに呼吸をしたほうが、静かな気持ちになれそうです。体の状態をある状態にしてあげると、自然に、そういう気分になることがあるんですね。

　怒ると、どうなると思いますか。カーッと怒ったときは、呼吸はどうなっているのでしょうか？　野球をやる人に聞きます。野球でボールを打つ瞬間には息を吐《は》いていますか、吸っていますか？

**男子**　止めている。

**玄侑**　そうです。野球で球を打つ瞬間、呼吸は止まっています。だからあんまり意識してないでしょうけれども、体がこういう状態ならば気分がこうなって、こういう力が出せるということがあるんですね。

ふだん、みんなはいろいろ頭の中で考えるでしょうけれども、今日は、頭を空っぽにするということを経験してもらいたい。頭を空っぽにするということは、心はどうなのですか。心ってどこにあるのですか？

**女子**　頭の中。

**玄侑**　頭の中だったら、さっき横になっても、感謝の心になれば、感謝の気分があるはずなんだけれども、どうも頭だけではないようですね。

## 頭の中を空っぽにして、坐《ざ》禅《ぜん》を組む

**玄侑**　じゃあ、坐禅の形をとってもらいますから、いったん立ってください。それで二枚重ねている座布団の上の一枚を二つ折りにしてください。そこにお尻をのっけてください。
　それから、背中を伸ばしてみてください。背中を伸ばしているときって、どういう気分かなとちょっと想像していてください。
　それから今度、グーッと頭を下げてみてください。無理に下げなくていいよ。ガクッという感じ、がっかりしているという感じ。どんなふうに気分が違いますか？

**女子**　下を向いているときは暗い感じがするんだけど、上を向いているときは、なんかすっきりしている。

**玄侑**　下向いていると暗い感じで、上向いているとすっきりした感じ。そうじゃないという人、

座布団を二つに折る

両手を合わせる

足を組む

います？　これもやっぱり気分が体の格好で違ってきちゃうんですね。そうすると、すっきりした気分のほうがいいですから、背筋《せすじ》は伸ばしましょうね。

　お尻《しり》だけ後ろの二つ折りにした座布団にのせていますね。それじゃね、靴下《くつした》を脱いでくれますか。後ろに置いてください。左足でも右足でもいいですけども、反対の足の太股《ふともも》の上にのせてください。そしてもう片方の足も逆にのせてみてください。それでむちゃくちゃ痛い人は、片足だけでいいです。なんとか両足いけそうな人は、両足でやってください。あっ、ちなみちゃんはすごく楽そうだね。

　これから坐禅をしてもらいます。坐禅は、本当は目は閉じないんですけども、今日は目を閉じてもらいます。

　まず目を閉じてください。そして、背筋を伸ばしてください。呼吸は、ゆっくりしてください。天井《てんじょう》から頭が引っ張られているような感じですよ。頭が立ちますよ。両手は合わせてください。どういうふうに合わせてもいいです。合掌《がっしょう》しなくていいです。

これから磬《かね》を叩《たた》きますから、その音が空の上のほうに飛んでいくように思ってください。そして、その音を頭の中で追いかけるようにしてみてください。（磬の音）

すると、頭の中が一瞬、空っぽになります。

もう一回。（磬の音）いろんなことが思い浮かんでくると思いますけども、この磬の音が鳴ったらそれを放り出します。音を上のほうに追いかけるようにしながら、頭の中を空っぽにします。（磬の音）

そのまましばらく坐っていてください。いろんなことが思い浮かんでくるのは、空に雲が浮かんできたようなものですから、流してやります。そのことにとらわれて、あれこれ考えない。

目線を下のほうにやっていると、あれこれ考えやすかったですよね。もう一回、空っぽにしますよ。（磬の音）

呼吸はゆっくり深く。あれこれ考えていると、だんだんと目が左右に揺れてきます。目が揺れてくると、みんなは、たぶん気がつかないでしょうけども、そのうち体も揺れてきます。ですから、外から見て

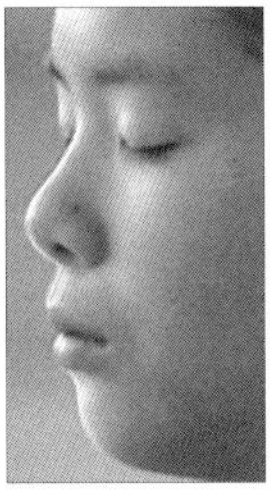

いても、あれこれ考えている人はわかります。（磬の音）（拍子木《ひょうしぎ》の音）はい、いったん目を開けてください。そして、合掌をしてください。足が痛ければ解いていいです。

これから本番です。あれこれ考えて体の動く人は、警策《けいさく》というもので叩きます。わたしがみんなの前を歩いて、だれかの前でわたしが合掌したらば、みんなは目を閉じていてわたしが見えないですから、警策でチョンチョンと合図します。そしたら、わたしに合掌してもらって、両方の肘《ひじ》を抱え込むようにして力を抜いて、わたしが叩きやすいようにしてください。体に力を入れていると痛いですからね。力を抜いてくださいね。安心しきってやってください。

じゃ、足を組み直していいですよ。

**男子**　緊張する。

**玄侑**　緊張したって考えなきゃいいんだよ。次から次に連想したりすると体がグラグラします。空に雲があるでしょう。雲がポカンと浮かんだのが、だんだん動いて流れていくでしょう。ああいうふうに放っ

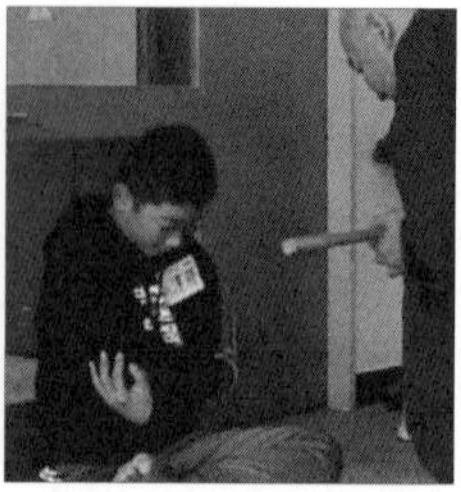

ておけばいいんです、何か浮かんできても。

いいですか。（拍子木を打つ）四回鳴らしますよ。この磬の音で、頭の中を空っぽにしてください。（磬の音）

　みんなが坐禅している前を、警策を持った玄侑さんがゆっくりと歩く。その気配を感じると、子どもたちはどうしても緊張してしまう。

**玄侑**（男子の前で合掌して）口は閉じてください。

（バンバンバンと左右三回ずつ警策を打つ）

はい、合掌。思い浮かんできてもいいですから、それをつかまえないで流してやる。頭の中を空っぽにして。背筋を伸ばして。手は合掌しなくていいですよ。両手を組んで。

（別の子に警策を打つ）もう一回、頭を空っぽにしてください。

（別の子に警策を打つ）周りの声が聞こえてきますけども、それについて何も考えない。もうちょっと背中を伸ばして。まっすぐ。顎《あご》を出さない。
はい合掌。力抜いて。（別の子に警策を打つ）
（磬の音、拍子木）はい、合掌して。目を開けていいですよ。
ありがとうございました。何も考えていない、心が空っぽな状態を一瞬でも体験できました
か。すぐにいろいろ思い浮かんできたでしょうけども、心が空っぽというのがどういうことか
がわかったでしょう。

## 心は空の雲のよう

**玄侑**　心というのはどういうものなんだろう？　さっきいろんな姿勢をとってもらって、形に似合わない気持ちは持ちにくいということもわかったと思います。心というのは、どんどん、いろんなことが思い浮かんでくるでしょう。それが知らない間にどんどん増えてきたりする。ちょうど空の雲のように、そういう働きが心にはあるようですね。そんな感じがしましたか？

**男子**　しました。

**玄侑**　心ってけっこういいかげんですね。

**女子**　自分の思っていることと違う感じが頭の中に出てきたことがある。

**玄侑**　小澤君、最初いきなり警策で叩いたけど痛かった？　気持ちよかった？

**小澤**　思ったほど痛くはなかった。

**玄侑**　最初に実験台になってもらっただけですから（笑い）。今、叩いた人たちだけが、揺れていたわけではないんです。みんな、きっといろんなことが浮かんでいたときがあったと思うんだけど、叩いた人と叩かなかった人に、そんなに違いはないんです。あんまり気にしないでください。

心というのは、どうもグニャグニャしたわけのわからないもんだなというのを感じてもらったところで、この心と体の関係の坐禅の授業を終わります。どうも、ありがとうございました。

**子どもたち**　ありがとうございました。

**子どもたちの感想**

**女子**「考えるな」と言われると、考えちゃうという感じだった。

**女子**　宗久さんが近づいてきて、足音がしたときに緊張した。

**女子**　怖かったけど、叩かれなかった。

**女子**「背中をもっと伸ばしなさい」と、叩かれた。

**女子**　東京に住んでいたころ、幼稚園が仏教で、毎週月曜日にいつも本堂に行って正座して、ずっとお話を聞いていたので、思ったより楽だった。

足音が聞こえて怖かったんですけど、叩かれても、別にそれはどうでもいいという感じで、あとはそんなに怖くはなかったです。

**女子**　右足の足首のところがちょっと痛かったけど、けっこう平気でした。

**女子**　シャキッとした感じがあった。時間が短かったのでけっこう楽でした。

**女子**　ちょっと怖かったんだけど、自然な気持ちで楽にできた。

**女子**　なんか震《ふる》えていたような気がした。叩かれるかなと思って怖かった。

**玄侑さんの感想**

——坐禅の授業は、子どもに伝わりましたか？

坐禅については、ほぼ大人と同じです。子どもだからといって、特にハンディキャップはないですから、坐禅ではけっこう感じたと思いますね。

あの「チーン」という音を追いかけるだけで、頭が空っぽになったような感じがします。またすぐ何か浮かんできて、その連想を止めるというのはなかなか難しいことなんです。浮かんできたものを追いかけないということは、けっこうテクニックのいることです。でも、そのテクニックで、ある程度コントロールできるんだということも感じたんじゃないでしょうかね。

——テクニックで心をコントロールできる？

ある程度ね。でも、できたと思っても、また浮かんでくる。浮かんでくることからほかのことを連想しないというのは、かなり難しいと思います。

——途中で何人かに警策を打ちました。あれにはどういう意味がありますか？

「がんばってね」ということです。今日の場合は、「はっきりと連想が止まらなければ、体が揺れてくるよ」と言いましたので、そういう意味合いで叩きました。

——叩かれると、どうなるのですか？

もう一回、仕切り直しということ。空っぽにしてまた始めてみる。心というのは思っているよりもコントロールできるんだけども、どうも思っている以上に、手に負えない部分もあるという両面を感じてもらえればいい。

――打たれなかった子も、玄侑さんの足音が忍び寄ってきて、怖かったという感想の子がいました。

うーん、警策は余興《よきょう》みたいなもので、「心は本来からっぽなんだ」という、これもある意味では錯覚なんですけども、でもそういう感じは持ってくれたんじゃないかなと思いますね。警策が怖いと思っているのは、たぶん警策を受けなかった子ですよね。それはしょうがないんです。はたで聞いてるほうが痛そうに思うんです。打たれた子は「そうでもなかったな」という体験になるんです。

――打たれた子は「わりとすっきりした」と言っていました。そういう感じ方でいいんですか？

そうですね。ニュートラルに戻す。体も心も。そのための刺激ですね。

――ニュートラルとは？

ニュートラルです（笑い）。喜《き》怒《ど》哀楽《あいらく》のどちらにも傾いていない状態の心。

警策を受けると、驚くでしょ。驚くというのは、心がいったん青空みたいな状態に戻る瞬間なんですよ。驚いている状態と、悲しいとか嬉しいという感情は両立しないのです。どっちかに傾いていた状態が、驚いてパッと真ん中に戻る。そういう刺激です。難しいでしょうか。

――「心を大事にしよう」とふつうは考えますが、そうではないということですか？

ええ。心を奉《たてまつ》りすぎているというか、心が体によってこんなに左右されるなら、体の側からもコントロールできるんだなという感じを、少しでも味わってもらえたらいいと思います。

今日の坐禅でも、不思議な体験として、ある程度は味わってくれたんじゃないでしょうか。

授業 ③

# 一二年間の人生の事件史

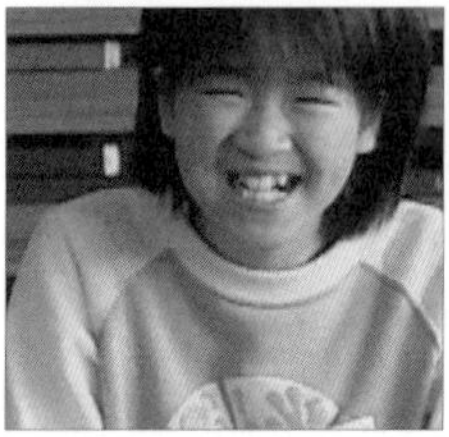

生まれてから今までの一二年間の人生で、自分の心の中にどんなことが起こったか。その心の歴史を年表にしてみよう。

まず、玄侑さんが自分の「心の事件史ボード」をみんなに見せた。

自分で坊主頭にしたこと、初恋に落ちたこと、つぎつぎに玄侑さんの少年時代があかされた。そして一つのとても重大な出来事が初公開される。

次は、子どもたちが、自分たちの「心の事件史ボード」をつくる番だ。

## 自分に起こった一〇大事件をあげる

### 宗久君の一〇大事件史

**玄侑**　今、坐禅《ざぜん》をやってもらって、心というのはもともと空っぽなものだということを知ってもらいたかった。もともと空っぽなんだけど、いろんな条件で悲しくなったり、楽しくなったりしますね。

そういうことをみなさんは一二年間、繰り返してきたわけです。その一二年間に、自分の心の中に、どんなことが起こってきたか。とっても忘れられないことってあるでしょう。それを自分の一二年間の心の歴史として年表にしてもらおうと思います。

自分がむちゃくちゃ嬉《うれ》しかった、楽しかった、苦しかった、いやだなと思ったことなどで、一二年間を綴《つづ》ってみてください。

いろんなことがあったほうが豊かな一二年間ということになりますので、いろいろ思い出して書いてください。ただ書けと言っても難しいでしょうから、わたしも小学校六年生のときに

戻って、自分の一二年間を振り返ってみました。

　見せたくはなかったんですけども、わたしが小学校を卒業するときの写真があります。眠そうな顔をしているんですけど、こういうとぼけた顔です。(図)

**女子**　ああ、眠そう。

**玄侑**　そう、すみませんね。わたしの小学校六年生までの年表をつくってみましたので、それをちょっと見てもらってから、自分のものを書いてください。

　わたしの名前は、小学校のころは「ムネヒサ君」だったんですね。ちょっと気を抜くと、「ムナシサ」(虚しさ)と聞こえちゃうという、いやな名前だったんです。では、「宗久君の心の一〇大事件史」(次ページ)。

　お寺のあととり息子として生まれました。「長男としての期待が……重い」。このころに、そう感じていたわけじゃないですよ。六年生くらいのときにはそう思っていた。お寺というところは広くていいと思うかもしれませんけども、「将来、頭、剃《そ》っちゃうんだな」とかね。わたしは、あまり剃りたくはなかったんです。

**宗久君の心の一〇大事件史**

| 年齢 | 出来事 |
|---|---|
| 〇歳 | 寺のあととり息子として誕生！長男としての期待が……重い。 |
| 五歳 | 幼稚園では番長だった。先生にビンタされたことも……。 |
| 二年生 | マンガを描くことが楽しみになった。 |
| 三年生 | 自分がいつか死ぬということに気づき、毎晩のように泣いていた。 |
| 三年生 | 「ボウズ」というあだ名がいやで、逆に自分から坊主頭にしてみた。 |
| 四年生 | お芝居を自分でつくって初公演した。 |
| 五年生 | 初めて恋に落ちる！ |
| 五年生 | おじいちゃんが死んだ。初めて人の死を見た。 |
| 六年生 | 「ピンキーとキラーズ」のものまねで大ウケ！ |
| 六年生 | 児童会副会長。学校でも目立つほうだったが、自分に自信が持てなかった。なぜなら……。 |

幼稚園では、「番長《ばんちょう》」っていないよね。ガキ大将ですね。ほかの子どもが積木《つみき》とか積んで遊んでいると、蹴《け》って歩くような（笑い）、ひどい少年でした。幼稚園で先生に往復ビンタをとられました。

**男子**　えっ？　うわっ、血が出る。

**玄侑**　幼稚園はうちのお寺の裏側にあったので、山を越えて通っていました。そうすると、その途中に蛇《へび》がいたりする。蛇をつかまえて幼稚園に持って行っちゃう。幼稚園はもう始まっていて、わたしはガラス戸からやって来て、蛇を持ったまま笑っていた。そしたら、先生に往復ビンタをとられましたね。

　二年生くらいになると、マンガを描くことが楽しみになりました。主にポパイを描いていました。ポパイって、知っていますか？

**男子**　ほうれん草を食べるんでしょ。

玄侑　そうそう、ほうれん草を食べると元気になる。ポパイの恋人はだれですか？　オリーブって知らない？　首の長い女の人。ポパイの敵はだれ？　ブルートって知らない？

男子　知らない。

玄侑　あんまり読んでないのか。ポパイのキャラクターを使った勝手な話をつくったりしていました。

三年生になると、これはみんなにもあるかな。「自分がいつか死ぬということに気づき、毎晩のように泣いていた」。「自分はいつか死ぬんだな」と気がついて泣いたことのある人？

男子　はい、五年生のとき。

玄侑　どういうふうに思って泣いたの？

男子　死ぬとどうなるのかなと思って。

玄侑　どうなるような気がしたの？

男子　わからなかった。

玄侑　わからなくて泣いた。あなたは？

女子　なんか怖いというか、死んじゃったら焼かれちゃうじゃない。

玄侑　ああ、焼かれちゃうのね。わたしもそうだよ。土の中に埋《う》められちゃったら、虫がいっぱい来るし、焼かれちゃうのも熱いしね、いやだなと思って泣いていましたね。

次も、三年生のときですけども、「ボウズ」というあだ名がいやでした。みんなもいやなあだ名のある人がいるでしょう。おっ、いやなあだ名は、言いたくない！

わたしは、「ボウズというあだ名がいやで、逆に自分から坊主頭《ぼうずあたま》にしてみた」。自分で坊主頭にしてしまえば、いやだなと思う気持ちが変わるかもしれないと思いました。

**男子**　それで、変わったんですか？

**玄侑**　よけいボウズと言われるようになった。（笑い）

それから四年生。お芝居《しばい》を自分でつくって初公演した。ほかのクラスまで行って、何人かで芝居をやっていましたね。「あんこ椿《つばき》は恋の花」とか、そういう題名の芝居をつくりました。

昨日、うちでお葬式《そうしき》があって、小学校一、二年生のときの先生がちょうど来ていたんですけど、その先生に聞いたら、「もう二年生のときには、一人芝居《ひとりしばい》をやっていた」と言われました。なんかそういう、人を笑わすことが好きだったんですね。これは、楽しかった思い出ですね。

それから五年生。初めて恋に落ちてしまいました。今、恋に落ちている人は？　好きな人がいる？

男子　いっぱいいる。かなりいる。六人いる。
玄侑　六人？　六人の中から選ぶの？
男子　だめだったら、違う人にする。
女子　やだ、それは全員だめだ。
玄侑　でもその六人の中で一番という子は、決まっているんでしょ。
男子　うん。
玄侑　まだ「好きだ」って言っていないの？
男子　何回も言っているよ。五回は言ったかな。
玄侑　相手はどうだって？
男子　逃げられた。
男子　見事に蹴《け》られた。
玄侑　ほかに恋をしている人は？　自分の気持ちをどんどん言っちゃう人もいるし、だれにも言えない人もいる。わたしなんかも言えなかったな。

初恋はいつごろですか、みなさん？　やっぱりドキドキしたりする？
男子　好きな人はいるけど、わけがわからない。
玄侑　好きな人はいるけど……恋ではないかもしれない？　今、なんとなく好きな人は？
男子　いない。
玄侑　そうかな。みんなトボけているな。
男子　高校になってからという予定です。
玄侑　そんな予定どおりいくかどうかわからないよ。
男子　いや、大丈夫。
玄侑　君は、好きな女の子いない？　えっ、嫌《きら》い？　女嫌《ぎら》い。そうかな、信じられないな。
年表には名前は書かなくていいですから、でも、ちゃんとこういう思い出も書いてね。
五年生のとき、おじいちゃんが亡《な》くなりました。初めて人が死んじゃうところを見ました。お寺にいるとしょっちゅう見ているだろうと思うかもしれないけども、そんなことはないんですよ。もう死んじゃっている人はたくさん見ていますけども。
卒業のとき、「謝恩会《しゃおんかい》」というのがありましたが、それは今もあるのかな。卒業式が終わったあとに、先生にありがとうという意味でいろんな芸をするという。

男子　ある。それは、「感謝の集《つど》い」。

玄侑　わたしの卒業のころは、「ピンキーとキラーズ」がはやっていました。知っている？

男子　ああ、「ピンキーちょうだい」。食べ物、お菓子《かし》。

玄侑　食べ物なの、ピンキーって！（笑い）通じないな。ピンキーとキラーズというのは、女の子が前で歌って、男が後ろでバックコーラスをやるというグループがあったんですよ。「♪忘れられないの」って歌を知らない？

男子　知りません。

玄侑　ピンキーが歌うと、後ろで、「♪忘れられないの」って男の人が繰り返して歌うのです。そのグループがとってもはやっていたので、それをまねて、わたしが前に立って、女の子四人を後ろに従えて歌ったんです。

男子　それは反対だ、逆だ。

玄侑　六年生のときは、児童会の副会長というのをやっていて、わたしは学校でも目立つほうだったけども、なぜか自分に自信が持てなかった。この写真も、わたしは自信なさそうでしょう？

もう泣きそうでしょう。

　みんなは、自分に自信ある？

**男子**　けがをすることなら自信満々です。

**男子**　漢字テストに自信ない。

**玄侑**　でも、漢字テストくらいのものじゃないの。わたしには、もっともっと自信が持てないようなことがあったんです。

**男子**　それ、気になるなあ。

**玄侑**　まあね、そういうことは、できれば言いたくはなかったんだけども。でも、わたしが告白しないと、みんなもやっぱり年表にちゃんと正直に書いてくれないかなと思って言うことにしました。

　じつは小学校六年生のときでも、わたしは、ときどきオネショをしていました。

**男子**　何？

**玄侑**　オネショをしたことある人は？　みんなもしたことはあるよね。

**男子**　ある。そんなのふつうだ。

**玄侑**　一回もしたことのない人はいないよね。生まれてから気がついたら、まっすぐトイレへ行っていたという人はいないよね。

**子どもたち**　いない、いない。

**玄侑**　でも、たいていの人は、もっと早くしなくなるでしょう。

**男子**　覚えていない。

**玄侑**　ということは、小学校にあがるころにはしなかった。

**男子**　もう三歳か幼稚園のころから、そんなことはない。

**玄侑**　そうかな。今もまだしている人いるんじゃない?

**男子**　今はしていないよ。

**玄侑**　わたしは、毎日じゃないですけど、でも、かなりオネショをしていたんです。一週間に一回くらいかな。

だから、みんなはだれもしていないだろうなと思っているのに、自分はオネショをするから、すごく自信がなかったんです。「こんなことで、これからどうなるんだろう。いつになったらオネショをしなくなるんだろう」って不安だったし、とても暗かったんです。

## 今度はみんなの「心の事件史ボード」

**玄侑**　今、わたしの事件史で話したようなことを、みんなも自分自身のことで思い出してください。嬉しい、悲しい、つらいというふうに思い出す内容を、このボードに書いてもらいます。何歳とか何年生と上に書いてもらって、その下に事件の内容を書いてください。その前に、まず名前を書いてください。

（子どもたち、事件史ボードを作成し始める。玄侑さんは見回りながらアドバイス）

**玄侑**　長男とか、長女とか、末っ子とか、ひとりっ子とかで、今、考えてみるとよかったとか、いやだったとかというのがあれば、それも書いてくださいね。

生まれたことに対して、今どう思っているかいろいろでしょうけども。男の子に生まれればよかったとかね。

**男子**　神様に生まれればよかった。

**玄侑**　それは無理やな。

つらかったこととか、悲しかったことも書いてくださいね。楽しいことばかりでなくて、なるべく悲しかったこと、つらかったことも書いて、幅があったほうがいいですよね。

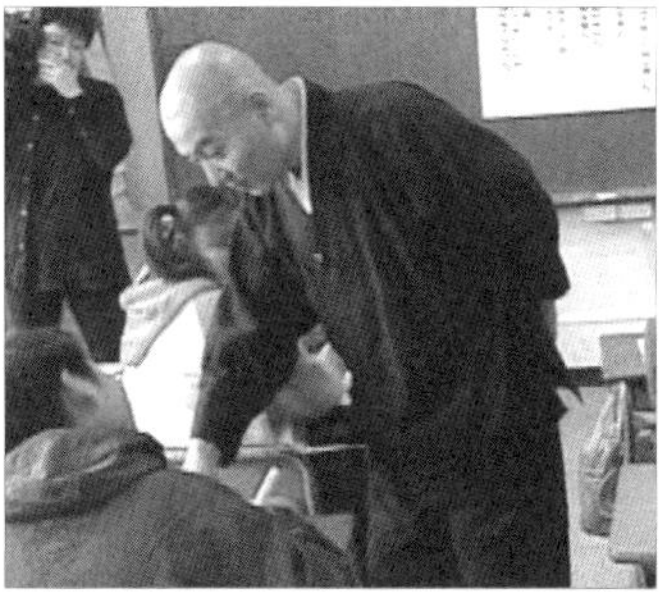

**男子**　どうしようかな、書こうかな。

**玄侑**　書いちゃったら。

**男子**　テレビに映るしな。

**玄侑**　映ったほうがいいんじゃない。

　ここには詳しい気持ちまでは書かなくていいですからね。なにしろ自分の一二年間を語ろうと思ったら、このことは欠かせないなと思うことを書いてください。ふつうはあんまり人に言いたくないようなことでも、正直に自分の人生を考えてみると、けっこう大きいことだなと思うものは入れてください。

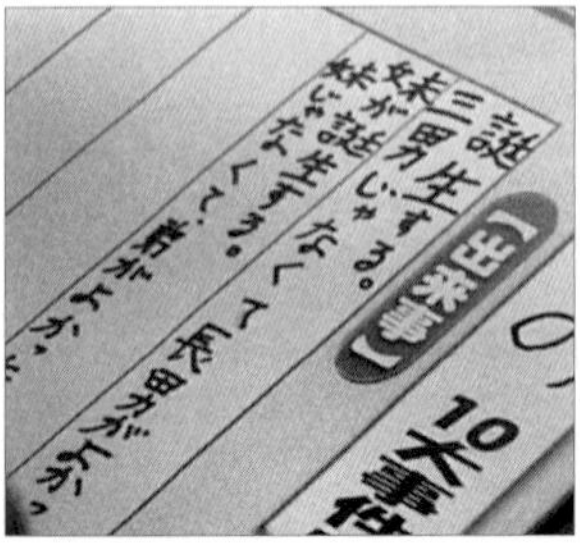


**男子**　どうしよう、どうしよう。

**玄侑**　人に聞いてもわからないでしょう。

（ほかの子に）小学校に入る前のエピソードも、やっぱり一つか二つほしいよね。

**男子**　おれは妹がいちばん怖い。妹が暴れん坊だったから怖かった。お店に飾ってあった花瓶《かびん》を割っていたんだから。お腹が空いたときとか、バカバカ食べたり、テレビとかをバカバカ叩いたり。

玄侑　今も暴れん坊なの？

男子　ちょっと危ない。

玄侑　君が二歳のときって、妹はいくつなの？　生まれて間もない？　それで暴れていたんだ。ずいぶん元気だったんだな。

男子　元気すぎる。

玄侑　おっ、ずいぶん書きましたね。えっ？　お母さんは夜も眠れなかった？　どうして？

女子　わたしが熱が出て、お母さんはわたしを看病していた。

玄侑　すごいな、君は三年生でハワイに行ったんだ。ハワイはどうだった？

女子　きれいだった。

玄侑　あなたは、東京から福島に来たんだ。東京はどこにいたの？　お父さんの転勤？

女子　大田区の大森というところなんです。

玄侑　あれ、あなたは五年生で事件史は終わるの。六年生のことはない。四年生の事件が三つもあるんだ。

## 給食時間に――玄侑さんへの質問

**不思議なこと**

**日直**　おあがりください。
**子どもたち**　いただきます。
**男子**　玄侑さんは、なんで坊主頭《ぼうずあたま》なんですか？
**玄侑**　おしゃれだから。
**男子**　そのサンダルは？

**玄侑**　みんなの靴《くつ》より安いです。八〇〇円くらい。みんなのはもっと高いでしょう。
**男子**　二八九〇円。
**男子**　玄侑さんには、霊《れい》って見える？　幽霊《ゆうれい》とか。火の玉は見える？
**玄侑**　火の玉は見たことあるけどね、まだ幽霊には会ったことがない。会いたいもんだけどね。
　でも不思議な出来事はありますよ。
**男子**　えっ、どういうの？
**玄侑**　五年生の男の子で、毎晩、夜中の二時ごろに起き出すんだって。起き出して、茶の間に坐って正座しているんだって。
**子どもたち**　えーっ、怖い。
**玄侑**　一時間くらい坐っていると、また布団《ふとん》に戻ってくるんだけど、朝になると覚えていない。毎日毎日、そうやって二時ごろに起き出してきて、一時間くらい坐っているわけ。それで、「なんとかしてもらえませんかね」と言われて、お経をあげに行ったらば、ピタッと、その日から起きなくなった。
男子　火の玉は熱かったんですか？
玄侑　熱いかどうかは、わからなかったけど、とっても明るかった。
男子　火の玉の色は？
玄侑　もう夜なんだけど、ほんとに昼間みたいに明るくなった。太陽って何色？
男子　オレンジ。
男子　赤。
玄侑　そういうふうに、色を言うのは難しい。

## 僧侶の生活

女子　どうして御仏《みほとけ》に仕える身になったんですか？
玄侑　御仏に仕える身になったか、かなり真面目な質問ですね。うーん、そうですね。この世界がとてもすてきな世界だなと思いました。小学生のころはわからなかったんだけど、二七歳くらいのときにそう思ったんです。
男子　お坊さんは、どこでお給料をもらっているんですか？
玄侑　お寺からいただきます。
男子　戒名《かいみょう》とかをつけたお金ですか？
玄侑　お布施《ふせ》をいただくと、いったん全部を仏様にあげるんです。そこから月々、決まったお給料をいただくようになっています。だから所得税もちゃんと払っています。
女子　断食《だんじき》とかの修行もするんですか？
玄侑　断食は、一週間だけしたことがあります。

でも、道場ではみんないっしょにできる修行が主になるので、一日二〇時間くらい坐禅しているというのが、いちばんきつい修行です。

**男子**　なんで、お坊さんは変な服を着ているんですか？

**玄侑**　お医者さんだったら、白衣《はくい》を着ているでしょ。看護婦さんもそういう服を着ているでしょ。それと同じですね、一種の仕事着です。お坊さんの着物は、衣というんですけど、あの服を着るとなんか気分が変わるんです。

**女子**　玄侑さんは、ふだんは私服とかは着ますか？

**玄侑**　私服は着ません。作務衣《さむえ》というのと、着物と衣と。それから、Tシャツは着ます。背広は持っていません。背広とネクタイは全部あげちゃいました。頭を剃《そ》る前は着ていたんですけど。

## 寝るときは？

**女子**　寝るときは何を着て寝るんですか？

**玄侑**　寝るときはシャネルの五番（笑い）、違うか。寝るときは、Tシャツと下はフンドシです。

**子どもたち**　えーっ、フンドシ！

**玄侑**　フンドシって知ってる？

**男子**　知ってる。

**男子**　フンドシ先生、いるもん。

**男子**「寝るとき、目は上を向いて寝たほうがいい」と言っていたんだけど、体の向きはどうでもいいんですか？

**玄侑**　なるべく両足を三〇センチくらい開いて、そして両手をその両側に置いて掌《てのひら》を下に向けて、背中の力を全部抜いて寝ます。

**男子**　北向きに寝ちゃだめと言われているけど。

**玄侑**「北枕《きたまくら》」といって、お釈迦様《しゃかさま》が亡くなったときに、北のほうにふるさとがあったのね。ふるさとで死ねなかったお釈迦様は、頭を北の方に向けてくれと言って、北を向いて亡くなったんです。それで、死んじゃった人は、みんな北枕にするので、生きている者にはなんか縁起《えんぎ》でもないと言って、北じゃない方向にするんだけど。

でも、本当は地球の地磁気としてN極とS極があって、地球は磁石になっているでしょ。人間の体も電磁波の影響を受けてNとSになるんですよ。だから体にいいのは、頭を北か南にすることです。

男子　なるほど。逆に、北枕で寝なくちゃだめということ?

玄侑　そう。北枕は体にはいいです。わたしはだいたい、北に向けて寝ています。

## 喪服《もふく》はなぜ黒?

早川　なんでお葬式《そうしき》のときの服は黒なんですか?

玄侑　お葬式のとき、お坊さんが着るのは黒とは限りません。金色もあるし、赤いのもあるし、青いのも着ます。ただ、どこかに出掛けるときの衣は黒ですけどね。お葬式のときはどうして黒い服を着て行くか。だれかわかる人いる?

男子　目立たないように。

男子　ちょっと暗い感じだから。

玄侑　暗い感じ、気持ちの暗さを服で表すの? そうではなくて、みんな今日は、何を着て行こうかなって考えるでしょ。お葬式のときはそれどころじゃないわけでしょ。だから喪服《もふく》というのを決めましょうということを、江戸時代に「寛政《かんせい》の改革」で決めたのです。お葬式のときは黒い服と決めてあれば、貧乏《びんぼう》な人もお金持ちの人もお葬式に何を着て行こうかなと悩まないで済むでしょ。だから喪服というものが江戸時代にできたんです。

## 玄侑さんの好きなこと嫌いなこと

女子　玄侑さんの得意なことは何ですか?

玄侑　得意なこと? 炊事《すいじ》、洗濯《せんたく》。(笑い) あっ違うか。得意なことって、やっているうちにみんな好きになってくるから、好きになってくると得意になってくるじゃない。だから、みんな得意、というとちょっとまずいですね。何をやっても、やり始めるとそれを好きになるし、だんだん上手になってくるから、特別にこれが得意というのはないです。

**男子**　得意なものの反対で、嫌いなものはありますか?

**玄侑**　嫌いなもの。イカが苦手ですけどね。食べ物ではイカぐらいですね。

**女子**　あら、おいしいのに。

**男子**　タコはいいんですか?

**玄侑**　タコはいいんです。

**男子**　フキノトウは?

**玄侑**　フキノトウも好きです。

**男子**　セロリは?

**玄侑**　好きです、大好きです。

**男子**　ペットの中では何が好き?　動物の中で。

**玄侑**　動物はたいがい好きです。

**男子**　じゃ、嫌いなものは?

**男子**　爬虫類《はちゆうるい》とか?

**男子**　爬虫類、好きそうじゃん。だって、蛇《へび》を捕まえられるんだから。

**女子**　「昔は」でしょう。

**玄侑**　うん、別に嫌いじゃないけど。ただ、何を考えているかわからないところは、ちょっと困ったなという感じはあるけど。

**なりたかったのは灯台守《とうだいもり》**

**男子**　子どもはいますか?

**玄侑**　いません。

**男子**　小学生のころは、将来、何になりたかったんですか?

**玄侑**　小学生のころは、わからなかった。でも、お坊さんにはなりたくないと思っていた。

**男子**　じゃあ、なんかになりたいなと思ったこと

腹の中におみくじが

あるの？

**玄侑**　灯台守《とうだいもり》って知ってる？　海辺に建っている灯台にいる人。中学生くらいになると、その灯台守になりたいな、なんて思ったことがあります。高校生くらいになると、何か文章を書きたいなと思うようになりましたね。

### おみくじ

**玄侑**　ここにあるのはダルマさんです。ダルマさんの形をしていますけど、ダルマおみくじというんです。（図）ダルマさんの腹の中に、おみくじが入っています。

おみくじというのは、みんなも知ってるように神社にもお寺にもありますね。うちは禅宗だからダルマさんの形ですけど、これは宗教というより風俗なんですね。

好きなものをどれか一つ取って、昼休みの間に見ておいてください。おみくじの文章は難しいと思うので、書いてあることはわからないと思いますけども、上のほうには、吉とか大吉とか、凶とか書いてあるんですよ。

**男子**　凶はいやだ。

# 人生のニコニコマークと泣きマーク

## 玄侑さんの事件史で

**玄侑**　まず、さっき書いてもらった一二年間の自分の心の事件史を一回みなさんに戻します。そしてこれから、それにちょっとした作業をしてもらいます。

まず、わたしの事件史ボードでやってみます。わたし自身、強い思い出がある事柄に対して、小学校六年生のころに、その出来事をどう思っていたかというのを色分けします。

とっても幸せだなと思っていた場合は、これ（ニコニコマーク）を貼《は》ります。思い出してもいやだな、不幸だなと思っていた場合はこれ（泣きマーク）を貼ります。

最初は、「〇歳　寺のあととり息子として誕生！　長男としての期待が……重い」。

**女子**　それは悲しい。

**男子**　だって、寺のあととりだよ。

**男子**　でも、生まれてきたのはよかった。

玄侑　生まれてきたもんね。幼稚園では、ガキ大将だったんですね。「五歳　幼稚園では〝番《ばん》長《ちょう》〟だった。先生にビンタされたことも……」。

女子　それは、悲しい。

男子　いや、嬉《うれ》しい。

男子　だって、ビンタ、ビンタ、ビンタだよ。

玄侑　ビンタとられたのは悲しいけど、ガキ大将であったことは、まあ。

男子　両方かな。

玄侑　そうね。ニコニコにしようかな。

男子　ビンタされても。（笑い）

玄侑　そうだね。「幼稚園でビンタをされたのはあなたが初めてだ」って先生に言われたんですよ。

男子　えーっ！

玄侑　だから、なんかけっこう自《じ》慢《まん》できるかな。「二年生　マンガを描くことが楽しみになった」。これは、もちろんニコニコマーク。

次は、泣きマーク。「三年生　自分がいつか死ぬということに気づき、毎晩のように泣いていた」。「三年生『ボウズ』というあだ名がいやで、逆に自分から坊主頭にしてみた」。これは、泣きマーク。「四年生　お芝居《しばい》を自分でつくって初公演した」。

男子　それは、楽しい。

玄侑　では、これは？「五年生　初めて恋に落ちる！」。

女子　えーっ、ふられた、泣く？

玄侑　まだ告白していない。

女子　じゃ、ニコニコ。それは初恋。

玄侑　でも、ちょっと苦しいような気分もあったよね。

男子　じゃ、「はてな？」だよ。

玄侑　「はてな？」というのはないから、泣きマークとニコニコマーク両方を貼っておこうかな。
　その次は、「五年生　おじいちゃんが死んだ。初めて人の死を見た」。

女子　それは、泣き。泣きマーク。

男子　嬉しかったらヤバイよ。
玄侑「六年生　ピンキーとキラーズのものまねで大ウケ！」
女子　ニコニコでしょ。
玄侑「六年生　児童会副会長。学校でも目立つほうだったが、自分に自信が持てなかった。なぜなら……」
女子　悲しいんじゃない。
女子　両方かな。副会長になったのは嬉しいけど、自信がなかったから。
玄侑　自信がなかったし、オネショをしていたからね（笑い）。泣きマークが二つです。
男子　かなり悲しいんだ。
玄侑　それでは、こういうふうにして、みんなの事件史を自分で色分けしてみてください。それぞれの事件にシールを貼ってみてください。

## 色分け作業開始

子どもたちは、それぞれに自分史の色分け作業を始める。玄侑さんはそれを見回りながら、一人ひとりに話しかけていった。

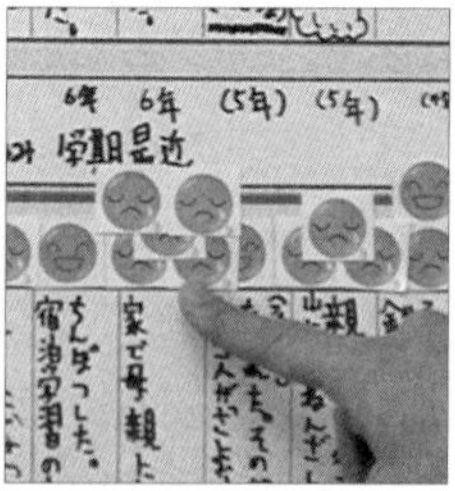

子どもたちは、黒板にびっしり貼り出されたボードを見ながら、がやがやと話しあっている。

**玄侑**　では、席に戻ってください。ボードを見ると、ニコニコマークと泣きマークがいっぱいあって、なんか面白いよね。「兄」を挫《くじ》いたってだれだっけ？

**男子**　それは、「足」を挫いただろ。兄は挫かないんだ。かなり字が間違っている。

**玄侑**　おっ、ニコニコマークが四つもある。遠藤君。「テッペイ君とテッペイ君の兄が金沢から三春に転入してきた」というのがすごく嬉しいんだ。

**遠藤（駿）**　テッペイ君は、うちの上のところに住んでいて、今、高校一年生の面白い人。

**玄侑**　ああ、遊んでくれるんだ。

**遠藤（駿）**　毎日遊びに行っている。

**玄侑**　あと、ほかの人で四つ貼っている人はないかな。
**男子**　アッちゃんのがある。泣きが五個。
**玄侑**　どれどれ、厚史君。母親に車で轢《ひ》かれた!?　轢かれたっていっても元気じゃない。
**渡邉（厚）**　ぶつかったんだよ。一応、無傷といえば無傷なんだけども、轢かれた。
**玄侑**　じゃ、死ななくてよかったじゃない（笑い）。車にボーンとぶつけられたの？
**渡邉（厚）**　うん。バックしてきたやつに。
**玄侑**　バックしてきた。真っ正面でなくてよかったね。
　自分の事件史で、全部泣きマークだけという人はいないよね。
**男子**　いたら、ちょっとヤバイよ。
**玄侑**　佐久間友紀恵ちゃん。（ボードを示して）きっぱりある年で分かれているね。（小学校入学前はすべて泣きマーク。以後はすべてニコニコマークというパターン）小学校一年生からは楽しいことばかり。ひとりっ子として生まれたんだね。
　佐藤ちなみちゃんは、楽しいことがとっても多いんだね（ほとんどニコニコマークのなかで、泣きマークのあったところを示して）「幼稚園の中で遊んでいたら、転んで唇《くちびる》の近くに穴が開いた」。
**佐藤（ち）**　切れた。そのあと、危険な遊びをしようとしたら、先生に止められてできなかった。

玄侑　危険な遊びをしたいんだ？　それで、ニコニコと泣き顔の両方が貼ってあるのは、「宿泊学習では料理をしたり、キャンプファイアーでは火の使いの役をやった。肝試《きもだめ》しは怖かったけど、宿泊学習はすごく楽しい思い出」。

佐藤（ち）肝試し自体が嫌いだから、それは、つまらなかった。

玄侑（橋本君のボードを示して）トリプル悲しい？　毎日、同じ時刻に同じ夢を見ていた。しかも怖い夢。どういう内容だか覚えていない？

橋本（涼）言葉では表すことができない。

玄侑　ほう。毎日同じ夢なんだ。

橋本（涼）毎日同じ時間に、なんかいきなり泣き出して。

玄侑　夢の中で泣き出すの？

橋本（涼）いや、現実に。お母さんに「大丈夫？」と起こされて目が覚める。それからまた寝ると、大丈夫。

玄侑　そのとき、どういう夢を見ていたのかは、はっきり言えないんだ。でも、同じ夢であることは確かなんだ。

男子　おれにもそういうことがあった。

男子　やだな、そういうの。エイリアンに追いかけられたとか。
玄侑　今はもう見ない？
橋本（涼）見ない。
玄侑　次は、初恋のことを書いてくれている人がいるね。
橋本（壽）はい、はいはい。
玄侑　壽君《ひさし》ね。「告白してみた。沈没」（笑い）。「三春小学校で恋をする」。伏せ字《ふじ》になっているところがある。でも一つだけ書いてある。それは言いたいんだ。別に名前を書いてほしいって言わなかったけど。これはまだ沈没していないの？
橋本（壽）今、甲板《かんぱん》が壊れかけていると思う。
玄侑　あれ、森村さん。「初めて好きな人を見る」。これはニコニコマークで、今も初恋中？
（三澤さんのボードで）「水泳を習い始めて水が怖かった」。最初は怖かったのに、「町内水泳交歓《こうかん》会でリレーをやって、一位になっちゃった」となっている。これは、水が怖かったことがかえってよかったのかな。
三澤　最初、三歳のときに海に落ちて溺《おぼ》れたから、よかった。
子どもたち　よかった！　よかったの？

玄侑　そしたら最初のも、ニコニコマークなのかな。
男子　ほんとによかったの、溺れて？　それで、死んでいたら。
玄侑　理絵さんは、長女に生まれてニコニコ？
佐久間（理）　はい。別に長女とは限らず、この家族に生まれてよかった。
玄侑　このお父さんお母さんで、よかった？
佐久間（理）　うん、いい。

玄侑　黒羽君は、「末っ子に生まれていやだった」。
黒羽　いじめられるから。
玄侑　だれに？
黒羽　お姉ちゃん。今も、いじめられるけど。
男子　おらもいじめられるけど、いじめ返す。殴《なぐ》ってきたりすると、つねりまくるの（笑い）。
玄侑　堂山君。泣きマークが多いな。「三男でなくて、長男がよかった」。なんで？
堂山　こき使われるから。
玄侑　「三歳　妹が生まれた。妹でなくて弟がよかった」。なんで？

**堂山**　だってさ、弟だったら、サッカーとかやれるから。
**玄侑**　荒井都ちゃん。「長女として誕生。損したり、得したりといろいろ」。なかなか大人っぽい書き方をしていますね。損しているところと得しているところを言ってくれますか。
**荒井**　損しているのは、妹が悪いのに、長女だからという理由でわたしが怒られたりする。得していることは、上だからいろんなところへ連れて行ってもらえたり、新しい服をいっぱい買ってもらえるから、お下がりはあんまりない。
**玄侑**　涼太君は、「初めての子どもだったから、とてもかわいがられた」。これは覚えているの？
**橋本（涼）**　いや、お母さんが言っていた。
**玄侑**　高橋瑛梨奈《えりな》さんは、三女で生まれたんだけど、お姉ちゃんにかわいがられたので、ニコニコマーク。かわいがられたって、どういう感じ？
**高橋**　お姉ちゃんが、抱っこさせてとかいっぱい言っていたってお母さんが言っていた。
**玄侑**　小澤君は、「長男として生まれて期待されていた。弟が生まれて少し困った」（笑い）。なんで困ったの？　そこをわかるように説明して。部屋が狭《せま》くなる？　堂山君は弟がいたらサッカーができるのになと思っているんだけど、いっしょに遊べるじゃない？

渡邉厚史君は三番目でよかった？

渡邉（厚）うん。

男子　いいお兄ちゃんなんだよな。

玄侑　けがをしちゃったという人がいました。駿人《はやと》君は、「陸上交歓会のジョギングで爪《つめ》が折れた」んだ。それで大会に出られなくなっちゃった？

遠藤（駿）リレーは出られたけど、ほかには出られなかった。

玄侑　今、思い出しても悔《くや》しい？

遠藤（駿）うん、幅跳《はばと》びに出ていたら、余裕で一位だったからね。

玄侑　早川君もけがをしたの？

早川　左の肘《ひじ》が曲がらなくなった。

玄侑「左の肘が半分しか曲がらなくなってびっくりした」。今は曲がるの？

早川　ウンテイから落っこちた。今は曲がる。

玄侑　そのほかに、あだ名のことを書いた人がいるよね。あだ名のことって、たいがいやっぱり泣きマークかな。涼太君のあだ名は、「まゆげふとおにぎり」。

男子　ひでえ。

女子　そのあだ名は、わたしの友だちがつけたんだっけ。

玄侑　おお。でも、かわいらしいあだ名だと思わない？

男子　おにぎりじゃ、食べられちゃうよ。

玄侑　佐久間さんは、すごいあだ名だね。「デブりんご」。毒りんごというのは知っているけど。何匹も犬が死んだのはだれだっけ。猫《ねこ》はだれ？　「猫が旅立った」（笑い）。猫が旅立って、ひいばあちゃんが死んだ。「旅立つ」って、いなくなっちゃったのね。「じいちゃんが死んだ。猫が車に轢かれた」。

男子　死にまくりじゃないの。

玄侑　お姉ちゃんが猫をよく拾ってくるんだ。今は何匹いる？　今はいないの。猫が好きなんだね。また飼いたい？

男子　いや。うちの母ちゃんがだめって言う。

**同じことでも、人によって色分けは違う**

玄侑　みんなは、いろいろ書いてくれました。例えば、いちばん上に生まれたけども、それがいやだという人と、よかったという人がいるよね。都ちゃんみたいに、いいこともあるし悪いこともあるというふうに思っている人もいる。
　ということは、同じことが起こっても、それを幸せだと思っている人と、不幸だと思ってる人がいるんですね。
　さっき、おみくじを引いてもらいました。おみくじは、例えば吉を引くのと凶を引くのでは、吉のほうが嬉しいでしょ。だけど、それはどういう意味でしょう？　吉を引いたらどういう意味？　菊田君は何だったの？
**菊田**　吉。よかった。ほんと言うと、大吉が出てほしかったけど、もっと悪いのが出なかっただけいい。
**玄侑**　凶が出たらどういうふうに思うの？
**菊田**　どうでしょうか、わかんない。
**玄侑**　おみくじというのは、これから起こることに対して出ているんでしょう。例えば吉を引いたら、何かいいことが起こりそうな気がするでしょう。ということは、凶を引いたらば、その逆のような気分になる。だから、自分の一二年間を振り返ったときに、幸せな一二年間だなと思って振り返ると、ニコニコマークばかりを思い出すんです。
**男子**　そうか、そうなんだ。

玄侑　いやな、苦しい一二年間だったなというふうに考えて振り返ると、泣きマークだったことばかりを思い出すんです。

つまり、おみくじは将来のことなんだけども、吉や大吉を引いたらば、いいことが起こりますという意味じゃないんです。大吉を引いたらば、自分がいいことを探す「目」になるんです。どういうことかと言うと、そのおみくじを引くと、いいことが目につきやすい。いいことがきっとあるはずだと思っているから、いいことが起こりやすいんです。

凶を引いたときにはどうかというと、今度は悪いことが起こりそうだから用心しようという気持ちになるんです。だから、今日一日は用心深く過ごそうかなって思えばいい。悪いことが必ず起こるという意味じゃないんです。

自分の事件史で、「いいことだ」「悪いことだ」「楽しかった」「悲しかった」というふうに色分けしてもらったんですけども、長男、長女で生まれたというのがいいことだと思っている人もいるし、いやなことだと思っている人もいますよね。それは思う心しだいでしょう。心しだいで長男であることも長女であることも、末っ子であることもひとりっ子であることも、いいことになったり悪いことになったりするんですね。

「塞翁《さいおう》が馬《うま》」

玄侑　例えば、(玄侑さん、机の上の筆箱《ふでばこ》を落とす) 筆箱が落ちました。これはいいことですか悪いことですか？

子どもたち　悪いことです。

玄侑　悪いこと？　じゃ、これを拾おうと思ったら、床に落ちていた千円札を見つけちゃった。

子どもたち　それは、いいことだ。

玄侑　そしたら、これが落ちたことがいいことになりますよね。

その千円札を拾おうと思ったら、頭を机の角にぶつけて、脳震《のうしん》盪《とう》を起こして入院しちゃった。そしたら、また悪いことになりますね。筆箱が落ちたことが、いいことになったり、悪いことになったりしました。

脳震盪で黒羽君が病院に入院しちゃいました。明日は修学旅行にみんなで行くことになっていたのに、行けませんでした。けれど修学旅行に行った先では、爆弾《ばくだん》が落ちて、行った人たちはみんな死んじゃった。

**男子**　それじゃあ、行けなかった祥平《しょうへい》だけが助かった。

**男子**　いや、それはさびしい。

**玄侑**　そうすると、黒羽君は、脳震盪を起こしたために死ななかったわけですよね。

**男子**　わからねえな。

**玄侑**　だから、脳震盪を起こして入院しちゃったことが、今度はまたいいことになっちゃう。ほかのみんなが死んじゃったというんだから、ちょっと単純にいいことというふうには思えないけどもね。でも、筆箱が落ちたことの意味合いがどんどん変わったでしょ。落ちただけでは、いいことか悪いことかわからないんです。

千円拾った。千円拾っただけでは、まだいいことか悪いことかわかんないんです。どうにでもなるんです。脳震盪を起こすかもしれないし、入院している間に、もしかすると命拾いするかもしれないでしょ。

だから、今みんなが不幸だなと思っていることでも変わる可能性があるんです。つまり、末っ子に生まれていやだったと黒羽君は書いているけども、気がつかないだけで、案外、末っ子に生まれてものすごく得しているかもしれない。

いいことでも悪いことを招くかもしれないし、悪いことでもいいことを招くかもしれないんだよね。

だから、先崎さん。これはちょっとすごいな。「哺乳瓶《ほにゅうびん》をこぼして火傷《やけど》した」って、よっぽど熱いミルクが入っていたんだね。

こういう不幸だなと思っている出来事でも、もしかすると別の見方をしている人もいるかもしれない。その人の話を聞いたらば、じつは不幸なことではなかったのかもしれないということがありますよね。

厚史君は、お下がりを着ることがけっこうあるの？

**渡邉**（**厚**）うん、だいたいがお下がり。

**玄侑**　それもお金がかからないからいいなと思っている？　そういうふうにも思えるんだよね。都ちゃんみたいに、長女だから新しいものが着られていいと喜ぶ人もいれば、三番目の厚史君のように、お金がかからないから三番目でよかったなと思っている人もいる。自分が今ものすごくいやだなと思っていることでも、別な見方を知ったら、不幸じゃなくなるかもしれないんですよ。変わるかもしれない。

今だいたい、幸と不幸と半々くらいに染め分けてもらいました。今の気持ちは変わるというのはわかっているでしょうけど、過去の出来事に対する考え方も、みんなの心しだいで変わるんです。

増子君はやけに不幸が多いね。「コケて机の角にぶつけて三針から五針縫《ぬ》った」。どこを縫ったの？　今でもそれはいやな思い出？　治療がちゃんとできてよかったね。

森村さんだっけ。自分の机を二年生のときに買ってもらったの？

**森村**　お下がりで、それをきれいにしたものをもらった。

**玄侑**　とても嬉しくてしようがないと書いてあるんだけど、その次の日、机に頭をぶつけて泣いた。なんかさっきのわたしの話とそっくりだけど、机をもらったのはとても嬉しかったんだけど、そのあと、その机に頭をぶつけておかしくなっちゃったら、その机はものすごく憎《にく》たらしいものになっちゃうよね。

このように、嬉しかったことが、次の日にはもう嬉しくないことになっちゃうということもあるわけですよね。もちろん、逆の場合もあるわけです。今、自分が不幸だと思っていることが、もしも変わったらいいよね。そういうことをこれからみんなにやってもらおうと思っているんです。

## ほかの人に自分とは違う考え方を聞く

**玄侑**　わたしの話を聞いて、とっても不幸なことだと思っていたことが、そうでもないのかなと思った人もいるかもしれない。それでもまだ、「いや、やっぱりこれは不幸じゃないか」と思っていることがあるかもしれない。それをみんなに一つ選んで書いてもらいます。

事件史ボードに自分がいろいろ書いてきたなかで、じつはここに書かなかったというものもあると思うんです。それも含めて、今とっても不幸だと思っていることに関して、いろんな人のいろんな見方を聞いてもらいます。

聞くのは、例えば、友だちでもいいし、家に帰ってお父さんやお母さんでもいいし、近所の人に聞いてもいい。なにしろ自分が不幸だと思っていることに関して、今まで自分が考えてもみなかったような考え方をどこかで仕入れてきてください。そして、それを今度は明後日になりますけども、作文にしてもらいます。

今日はこれから、自分が不幸だと思っていることを一つに絞《しぼ》ってください。そして、それをだれに聞けば別の見方が得られるかなということを考えます。

例えば、長男でいやだったという人の場合、親が長男だったらお父さんに聞いてもいいよね。あるいは昔いじめられて、その体験が今でもすごく不幸だと思っているとしたら、勇気を持って、その当時いじめた人に直接聞いてみてもいいよね。ともかく、自分がそのことに関して持っていた考え方と別な考え方をだれかから聞いてきてください。自分が不幸だったことを一つ書き出すのと、それからそれをだれに聞いてみるか。何人に聞いてもいいです。それをこのノートに書いてみてください。

この作業で、今まで思っていたことが違うものに変わります。それを期待して、人に言えなかったことでも、思い切って書いてみてください。

子どもたちは、それぞれに作業を始めた。玄侑さんは、子どもたちの間を回りながら、一人ひとりの選ぼうとしている「不幸」についてコメントしていった。「別の見方があるのでは？」と問いかけ、だれに聞けば別の見方を語ってくれるかをいっしょに考えた。

**玄侑**　みなさんの作業を見回っていて、わたしが見ても「ああこれは不幸だな」というのもあったし、「そんなことたいしたことないんじゃない」と思うこともありました。みんなにとっては、それなりに不幸だと思っているんでしょう。それでいいと思いますが、自分が不幸だと思い込んでいるのは、今は仕方がないんですけども、いろんな見方を手に入れて、単なる不幸な話じゃなくて、なかなか味のあることかなというふうに思うための取材をしてもらいたいんです。それを文章に書いてもらって、「ああ、なかなかいい話だな」としたい。

要するに、人の不幸な話は、みんな聞きたくないんです。「わたしは不幸だ」という話を、他人は聞きたくない。それは変な言い方をすると、幸せというのはうつるんですよ。幸せな気持ちの人が幸せな話をすると、こっちも幸せな気分になってくる。だけど自分は不幸だと思っている人が不幸な話をしてくると、こっちもなんか不幸な気分になってくる。幸せも不幸せもうつるんですね。

幸せとか不幸せというのは、みんな気づかないかもしれないですけども、じつは人と比較するから出てきていることでしょ。悲しかったりつらかったり楽しかったり嬉しかったりというのは、だれにでもあります。それはしょうがないことです。しかしそういうことを不幸だというふうに思い込んでいることは、自分の人生の一部を無駄《むだ》にしちゃっているんですよ。だって不幸だということはあまり思い出したくないことでしょう。そうすると自分が経験していることの一部を、自分では切り捨てちゃっているんですね。そうじゃないいろんな見方を知ったならば、もしかしたら不幸ではないと思えるかもしれないですよね。

# 一日目の授業を終えて

――一日目の授業を終えられたご感想は？

一生懸命やってくれているので、とても嬉しいですね。わたしにしても、オネショのことを話せたのは四五歳になってやっとですから。子どもたちもきっと、本当に悩んでいたり本当に苦しいことは言えないと思うんです。今日出してきてくれたのは、たぶん、その次のランクぐらいのものでしょうけど、いろんな人の話を聞いて、何かを獲得してくれるんじゃないかと思っています。本気でやってくれそうな感じがしています。いいエネルギーをいただきました。喉《のど》がちょっと嗄《か》れましたけどね。お経のほうが喉にはいいですね。

――初めの授業で、死後のイメージを子どもたちに聞きました。

サツマイモ畑の話がよかったですね。死後のイメージは、みんなそれなりに知識としては持っているみたいですけど、本気で信じているのとは違うでしょうし、ああいうのは一つの文化なんでしょうね。教養っていうんですかね。わからない世界というものがあって、それはあるビジョンによって信じていくしかない。そういうことを子どもなりにちゃんと感じているんじゃないでしょうか。

——玄侑さんが思っていた一二歳の子どもと、実際のギャップはありましたか?

うーん、いろんな子がいるなという幅をすごく強く感じますね。

——一二年の人生を顧《かえり》みるという試みはどうでしたか?

いろいろあったことをまとめて思い出してもらった。悲しいことも楽しいこともたくさんあったということが豊かなんだな、という感じは持ったんじゃないでしょうか。どういう切り口で振り返るかによって、思い出す出来事が違います。そういうのが色分けで実感できたんじゃないかなと思うんですけどね。

子どもたちは、今まで、一二年間を振り返ってまとめるという作業はしたことがないでしょうから、あとで何かの役に立ってくれればいいなと思います。

——これからの授業では、子どもたちに作文を書かせます。

書く技術よりも、いろんな人にいろんな考え方を聞いて、一つの物事を多面的に見る体験をしてもらえたら、書き上げたものはそんなに問題ではないと思います。取材でどれだけの成果をあげてくれるかです。

話しあったり、話を聞いたりして、一つの出来事をいろんな角度から見るということは今まであんまりしていないと思います。だから些細《ささい》なことでも印象が変わったという体験ができれば、人生に対する「腰のある見方」ができるようになるのではないかと思います。

――いろんな人の違った見方を取り入れるのは、玄侑さんの創作活動と重なりますか？

そうですね。作品のなかで多面的な角度を使うことは、直接的な技術としてもありますけれど、自分のなかで不幸だと思っているうちはおそらく書かないんですよね。

不幸を垂れ流してもしょうがないという気持ちがありますし、やっぱり自分のなかに不幸として入ってきたことでも、それを廻《まわ》してから変化させて出します。それを仏教では回向《えこう》っていうんですけど、そういう作業をたぶんしているんですね。それは、ほかの考え方に触れるということもありますし、自分のなかで時間がそれをやってくれることもあります。あるいは、本を読むこともそういう別な視点を獲得する作業だと思います。そうやって熟成させて出すのが作品だろうと思っています。

主人公であってもなくてもいいんですけど、作品のなかで別の価値観と出会って変化する。初めがあって、出会いがあって、変化するということは、ドラマの必要条件だと思います。

書けるような状態に熟成されたものが書かれていくこともありますけれども、書いている最中に、自分のなかでたまたまそういう変質が起こって、書けることになったこともあります。そうすると、知らなかった自分に会える。何かある種の喜びがありますね。

――子どもたちの幸福シールと不幸シールの色分けについて、どう思われましたか？

わたしが、ニコニコマークと泣きマークの両方をつけたのを子どもが見て、それならばと、いつのまにか「ダブル泣き」とか「トリプルニコニコ」とか、自分で発案してやってました。幸とか不幸とかと分けるのは、あれは、ラベリングなんですね。ある意味でかなり強引な色分けですから、そういうもので決まるものじゃないんだということを本当は言いたいための途中経過です。だから、寝た子を起こしている部分もあるのかなという気分もちょっとありますが、楽しんでやってくれたんじゃないですかね。これからの人生ではいろんな出来事が起こります。いやなこと、嬉しいこと、悲しいこと、楽しいこと。それらを全部ひっくるめて、自分の人生を味わうことができたら素敵だと思うんですね。そういう実験ですかね。

ある程度時間が経たないと獲得できない見方というのもありますし、時間が経って変化してからでないと、冷静には受け止められないということもあるだろうと思いますけども、過去に起こったことの思い込みがほどけて変化したという体験をとおして、それをこれからの人生にも応用し、悩みに対処してもらいたいと思っています。

【取材】

# 「不幸」に対する違った見方を得よう

橋本壽君の自宅で取材

橋本（壽） 母さんは好きな人にふられたとき、どういう気持ちだったの？

母 やっぱりショックだったかな。でも、諦《あきら》めるのも早いほうだから。ショックだったけど立ち直りが早いから、そんなには落ち込まなかったかな。

橋本（壽） そのあと、その人とどうだった？

母 一度も会ったことない。

橋本（壽） それは、だれ？

母 中学校の同級生。

橋本（壽）（妹に）ナナコは今、好きな人いるだろう？

妹 うん。

橋本（壽） その人にふられたら、どんな気持ちになる？

妹 お母さんと同じでショック。それからまたがんばる気持ち。

橋本（壽） がんばる。うん、わかった。

——壽君、お母さんに、どうやって立ち直ったか詳しく聞かなきゃ、参考にならないんじゃない？

橋本（壽） 母さん、どうやって立ち直ったの？

母 （苦笑）結局、時間が解決したかな。そのあと、違う好きな人もできたし、うん。

橋本（壽）　どのくらいかかったの？

母　うーん、三〇年も前で忘れちゃった（笑い）。

橋本（壽）　母さんの失恋《しつれん》は何回だったの？

母　二回。

橋本（壽）　二回、多いな。二回も。

　その人はどんな人だったの？

母　一回目の人？　二回目？

橋本（壽）　うん、どっちも。

母　一回目の人はやさしい人だったのね。二回目もやっぱりやさしくて親思いの人だったかな。

橋本（壽）　母さんが好きになった人って、競争率高かった？
母　うん、高い。
橋本（壽）　どんなふうに失恋したの？
母　一人は卒業しちゃったから。二番目は、会社を辞めて違う職場、会社へ変わったから。
橋本（壽）　母さんは、失恋から立ち直るためにどういうことをしたの？
母　わたしは、性格的にあまり深く悩まないタイプなのね。クヨクヨしないし、それに、友だちがいっぱいできたからかな。そのうちね、忘れていったの。
橋本（壽）　お母さん、悩まないようにするには、どうすればいいの？
母　どうしたらいいんだろう。やっぱり毎日、元気に過ごすことかな。そのうち思い出になっていくから。

——お母さんの話を聞いての感想は？

橋本（壽）　人生いろいろあるんだなって思った。

——今度はお父さんに聞いてみようね。

橋本（壽）　父さん。好きな人にふられたことってある？

父親　えっ、あるかな。ないかな。なんで？

**橋本**（壽）あるの？　そのときはどんな気持ちだった？

**父親**　がっかりしたかな。

**橋本**（壽）がっかり。ほかには？

**父親**　そのぐらいだね。

**母親**（父親に）ちゃんと答えてあげないと。

**橋本**（壽）何回、失恋したの？

**父親**　二回かな。

**橋本**（壽）一回目と二回目の人はどういう人だった？

**父親**　えーっ、うーん……（苦笑）。そうだね、運動ができる人だったかな。

**橋本**（壽）二回目の人は？

**父親**　うーん、お酒が飲める人だったな（苦笑）。

**橋本**（壽）ああ、そうだ。どんなふうに失恋したの？

**父親**　そうだね。父さんはね、あんまり好きだとか、そういうことを言わなかったから。

**橋本**（壽）どんなふうに立ち直っていった？

**父親**　そのうち時間が経つと、いろいろほかのことに興味が湧《わ》いてきてさ、忘れちゃうよ。

**橋本**（壽）立ち直るにはどんなことが必要？

**父親**　そうだね、いろんな別の目標を見つけることかな。大学を目指して勉強をするとか。ほかの趣味に没頭するとか。興味のあるものを見つける。あとは、そうだね、友だちといろいろ話をしてみるとか。

——参考になる？

**橋本**（壽）うん、母さんと父さんは、どっちも時間が経つと忘れると言っていた。それに母さんは、元気に過ごすと思い出になるからと言っていたから、まだ大丈夫かなって。

## 取材過程　男子三人

――細貝君は、何について書こうと思ったの？

細貝　三歳のころに四〇度の熱が出たこと。

――自分にとって、すごく印象的だったの？

細貝　鼻血があふれるぐらい出たから、死ぬかと思った。

――今でも思い出すの？

細貝　いや、今では忘れている。

――入院はしたの？

細貝　救急車で運ばれた。

――そのとき看病してくれたのは、お母さん？

細貝　いや、おばあちゃん。お母さんたちは旅行に行っていた。

――取材では何を聞こうと思うの？

細貝　例えば、ほかの人がもしも同じようになったら、どう思うか。

――遠藤君の不幸は？

遠藤（駿）　陸上交歓会でジョギングをしていたら、転んで爪《つめ》を折って、走り幅跳びに出られなかったことです。

――それがどういうふうにつらかったの？

遠藤（駿）　出た人は、走り幅跳びはあんまり飛べていなかったので、もしぼくが出られたら、一位だったたから。今年が最後に出られる年だったから、かなりショックだった。

麻酔《ますい》をかけられたのが初めてだった。ちょっと痛くて。朝、病院に行っていたから、授業にけっこう遅れて、あとで困った。

――今日のテーマを別のものに変えたいの？

遠藤（駿）　そのことでよかったことはなかったから、テーマを変えて、ほかのことにしてみたい。

――その事件はどう考えてもいいことがない？

遠藤（駿）　うん。作文に書くのがちょっと難しいから。

（玄侑さんのお寺を訪れる子どもたち）

**子どもたち**　こんにちは。こんばんは。ごめんください。

**玄侑**　こんにちは。ずいぶん大勢ですね。みんなの話は一人ずつ聞くので、こっちで待っていてください。このへんの本を自由に見ていていいですから。これが特に面白いよ。鉄の話、時計の話、灯《あか》りの話、鉛筆の話、お風呂の話、トイレの話。

**玄侑**　遠藤君は、テーマを変えたい？　昨日は「けが」だったよね。それを何に？

**遠藤（駿）**　それはまだ決まっていないんだけど、なんとも書きづらいから。

**玄侑**　書きづらい？　堂山君は、昨日はなんだったっけ？　けがで何針か縫ったというテーマを何に変えたいの？

**堂山**　まだ決まっていない。

**玄侑**　この際だから、人に言えなかったようなことはないですか。

　年表に入れなかったことでもいい。要するに、いやな思い出だなと思っていること。思い出したくもないと思っていることがあるのは、損だからね。せっかく体験したのに。

　堂山君は、妹がいるけど弟のほうがよかった？　何番目なんだっけ？

**堂山**　三番目。

**玄侑**　三番目なんだけど長男のほうがよかった？

**堂山**　うん。

**玄侑**　わたしも長男だけど、長男もなかなかしんどいよ。だけど、それは選べるものじゃないし。三番目に生まれたら三番目の人だけがもらっているものがたぶんあるんだよ。おそらく長男と三男とどっちが幸せかというのは、比べられないんだよね。「ああ、なるほどな、比べようがないもんなんだな」ということを、お兄ちゃんからいろいろ聞いてみたら。

　お父さんは何番目だったの？

**堂山**　いちばん上だった。

**玄侑**　じゃ、いちばん上というのがほんとにいいものなのか、そのへんを聞いてみれば、案外いけるんじゃない？　どうですか？

**堂山**　はい。聞いてみます。

**玄侑**　それから、タイトルは工夫を凝《こ》らして。昨日書いてくれた年表では、長男に生まれればよかったのにとあったけど、そうじゃなくて、「幸せな三男坊」とかね。タイトルを見ただけで、ああ、それはちょっと聞いてみたいなと思う話だと感じるように。

　遠藤君は何にしよう。

**遠藤（駿）**　陸上で県大会まで行ったんだけど、バトンを落としてしまった。それで、いいことと言えば、今度やるときには、バトンを落とさないように気をつけてやらなくちゃということ。バトンを落としちゃうとだめだということが、よくわかったから、ちょっといいかな。

**玄侑**　バトンを落としたことは、あまり思い出したくないようないやなことだったんだね。自分だけじゃなくてチームが負けちゃったわけだものね。

　バトンというのは、面白いんじゃない。バトンというものは、リレーのときのバトンだけじゃなくて、だれかからだれかにバトンを渡すということがほかにもあるんじゃない。そういうことも考えてみたらどうかな。スムーズにバトンが渡ればいいけども、バトンというのはそう簡単にうまく渡せるものでもない。

　バトンを落としたことを、同じチームの人がどういうふうに思っているかを真面目に聞いたことある？

**遠藤（駿）**　いや。

**玄侑**　それも一回、聞いてみたらどうかな。案外、忘れられない、いい思い出にできるかもしれないよ。あと、だれに聞こうかな。そのバトンということで何か思い浮かぶことない？　リレーだけじゃなくて。

お父さんは、長男の駿人君にバトンを渡すんだよね。遠藤家のバトンを。

**遠藤（駿）**　けど、いや。

**玄侑**　いやだと思っているんだ。

バトンをうまく渡せなかった。いや落とした。

それって、なんか人間関係そのものじゃない。バトンを受け取った人の気持ちをちゃんと聞いてみたら、今まで感じていなかったことが出てくるんじゃないかな。

その当事者でなくとも、あと二人ぐらいいるんだから、その残りの二人の考え方も聞いてもいいと思うし、クラブの顧問の先生とかに聞いてもいい。お父さんは若いころスポーツやっていた人？

**遠藤（駿）**　はい。

**玄侑**　お父さんやお母さんにも聞いてみたら。

**遠藤（駿）**　バトンのほうは一応できるかなと思う。

**玄侑**　ケガのほうはできそうもない？　例えば、受験のときに風邪をひいて試験を受けに行けなかったというのと、ケガの話は似ていない？

爪を折っちゃって楽しみにしていた大会に出られなかったんでしょ。なんか似ているよ。そうなっちゃった人はやっぱり、ほんとに話をしたくもない？　それをいやな思い出にしないようにするのは、難しいとは思わないんだけど。

やっぱりさっきのリレーにする？

**遠藤（駿）**　はい。

**玄侑**　まだ書き始めなくていいけど、タイトルを考えてみるといいね。例えば、「運命のバトン」とかね。バトンを渡す失敗で、こんなことを考えた。こんな話を聞いて、自分はこんなふうに考えられるようになったというところを見せてくれればいいな。

**玄侑**　堂山君のタイトルは、「三男の幸せ」かな？（笑い）

**堂山**　えっ、幸せ？

**玄侑**　三男であることが、不満なんでしょ？

**堂山**　うん。

**玄侑**　それは、いつまで思っていてもしようがないから、このへんで転換しといたほうがいいと思うな。だから、いろんな人から、長男とか次男とか二番目あるいは末っ子、ひとりっ子、そういう人にいろんなことを聞いてみたら。

**堂山**　玄侑さんは、長男はどんな感じですか？

**玄侑**　長男は、いやだったよ。だって親は、できれば長男にバトンタッチしたいわけじゃない。だけど、自分が将来何になろうかと自由に考えられないみたいな感じがあったから、自由に考えられる弟はいいなと思っていた。だけど、今は長男もよいと思っている。

三男は、自由に仕事を選んでいいんでしょ。何になってくれとか言われないでしょ。

そのことではまだ悩んでいないでしょ。わたしは六年生のときには悩んでいたよ。お坊さんになりたくないけど、ならなきゃなんないのかなって。だから、三男と長男の悩みが、それぞれ違うだけで、比較はできないのかもしれないよ。

## 玄侑相談室　女子二名

**森村**　わたしは、ひいおばあちゃんが亡くなったことについてやっています。

お知り合いの死を知ったとき、宗久さんだったらば、どう思います？

**玄侑**　それはその人との関係によるよね。自分にとってどういう人だったかなということですよね。

**森村**　もし、わたしみたいに、すごく尊敬していた人が死んじゃったら、どう思いますか？

**玄侑**　それは悲しいですね。悲しいけど、人間はいつかは死なきゃならないでしょ。しばらく時間が経つと、その人が死ぬということで、もしかしたら自分に何かを教えてくれているのかもしれないと考えたりもします。

　森村さんはひいおばあちゃんにいろいろお世話になったと言っていたでしょ。生きているときにお世話になりながらその人からいただいていたもの。それと、その人が亡くなったことで、わたしがいただいたもの。それを考えてみたいなと思いますね。

　人は死なないということはないので、あのときにひいおばあちゃんが亡くなったおかげで、わたしは今こんなにいただいているものがあるというものを探せたら、その人が亡くなったことは、自分にとってありがたいことだったのかもしれないじゃない。そういうことを考えたりします。

　夢の中にずっと生きていてくれるひいおばあちゃんという人が、どういう人だったのか。それを一回、じっくり書いてみたらどうかな。ほんとに悲しいことは起こるからね。

　人が亡くなって、例えば仏様とか神様の前で自分はこうするというふうに誓《ちか》ったりすることもあるでしょ。「ひいおばあちゃん、見守っていてね、わたし、こういうふうにするから」ということを自分で誓うのも、とてもいいことだと思うよ。

**森村**　じゃ、それをこれからやってみます。ありがとうございました。

**熊田**　わたしのテーマは、ペットの犬が死んでしまったことです。もし、玄侑さんが自分でペットを飼っていて、死んでしまったらどうしますか？

**玄侑**　埋葬《まいそう》してお経をあげます。いや、でもそれはあなたには無理でしょう（笑い）。

**熊田**　友香ちゃんの話を聞いて思ったんだけど、玄侑さんの両親とか知り合いの人が亡くなって、自分が学んだことってあるんですか？

**玄侑**　たくさんありますね。それはこの人のときにはこういうことを学んだし、うちの犬のときにはこういうことを学んだというふうに。

うちの犬は去年の一二月七日に一七歳で死んじゃったんです。わたしは、その犬が死ぬまでの様子を見ていて、その犬自身は死ぬということを感じていないなと、あらためて思ったのね。

**熊田**　それはどうしてですか？

**玄侑**　わたしにそう見えただけなんだけど、なんて言うのかな、人間だったら、もうまもなく死ぬというときは気分が暗くなったり、無性《むしょう》に腹が立ってきたり、なんでわたしだけが死んでいかなきゃならないのかとか思うでしょ。

うちの犬は、ナムという名前でした。ナムにご飯を入れた器をあげるでしょう。死ぬ間際は横になって寝ているだけで、もう立ち上がれないんですよ。右を下にしたまま横になっている状態で、そばにご飯の入った器を置いたんだけど、食べにくいじゃない。食べにくくて脚で蹴《け》っちゃったんだよね。それで器が遠くのほうにいっちゃった。

そしたら届かない。届かなくて、ものすごく悲しそうな声で鳴いているのね。その声が聞こえるので行ってみたんですよ。なんかものすごく悲しい声で鳴いているから、もしかするとこいつは、まもなく死ぬということを感じて鳴いているのかなと一瞬考えました。

でも、「あっ、もしかしてこれかな」と思って、犬のところに食器を持って行ってあげたら、すぐ鳴くのはおさまって、嬉しそうに食べているんですよ。だから、要するにいつ来るかわからない「死」ということに、彼は怯《おび》えていないんです。死ぬまで怯えていなかったし、まるで自然現象のように死んでいったんです。なんかすごいやつだなと思ったんですよね。

こんなふうに死ねたらすごいよなと、あのときは思いました。だから、ナムがわたしに教えてくれたことというのもあるんですよね。

あなたの犬は、どうなって死んだの?

**熊田**　こういうことは、あんまりないと思うんですけど、散歩の途中で飛び出して目の前で車に轢かれて死んじゃったんです。

**玄侑**　その場でもうだめという感じ?

**熊田**　目の前で、もうぐったりして。

**玄侑**　どういう種類の犬だったの。

**熊田**　白くて耳のところがちょっとベージュっぽい色でした。大きさは中型という感じです。

**玄侑**　何歳だったの?

**熊田**　四、五歳ぐらいです。まだ生きていたときは好奇心旺盛《おうせい》で、やんちゃな部分があったので、たぶんそれで車が面白くて飛び出したんじゃないかと思っています。

その日、ずっとわたしは泣いていて、犬の名前はコロというんですけど、コロのことを考えていて、ちょっと思いついたんです。自分はバレーボールをやっていたので、練習で遅く帰ってきたりしてあまり遊んであげなかったので、躾《しつ》けとかができなかったから、自分のせいで死なせちゃったのかなと思った。なんか自分に責任があると思って、とっても悩みました。

**玄侑**　だれかが死ぬということは、だれにも責任はないですよ。例えば自殺しようと思ったって、縁《えん》がほどけないと死ねないですから。

その犬の場合は、たぶん短い人生の縁が、やっぱりそこでほどけたんだと思うんです。だからコロは短い時間だけども、何か残していってくれたんじゃないかな。短い時間だったからこそ何か濃《こ》いものを残してくれたのかもしれないよね。でも、それはつらかったね。

**熊田**　この課題のためではなくて、以前から、犬が死んだことにはがっかりしていたんです。もしコロに償《つぐな》いができたらと思っているんですけど。

**玄侑**　コロに償いをするために、何かを書いてみたいと？

**熊田**　はい。

**玄侑**　そうだよね。みんなにも知ってもらって忘れられないようないい話を書いてくれたら、コロも喜ぶよね。

いろんな死に方があるけど、例えば人間も、交通事故で死ぬ人もいるし、自殺しちゃう人もいるでしょう。交通事故では死にたくないと思うかもしれないけど、だんだんと弱っていく苦しみを見ているのもつらいよ。

これってやっぱり比べようがないことです。あなたは死ぬ場面を見てしまったから、それはちょっとすごい体験だけどね。

**熊田**　四年生のときなので二年前のことなんですけど、今でもそのことをたまに思い出したりして、自分でもなんかゾーッとしてしまう。やっぱり自分がいけなかったのかなと思っていたんですよ。

そのときは、おばあちゃんも妹もいたんですけど、三人とも目の前で死んでいくのを見ちゃった。三年生の春休みにこっちに転校して来たんですけど、そのとき、おじいちゃんとおばあちゃんがいて、コロがいて、喜んでかわいがっていっしょに遊んだりしました。まだこちらに来て一年も経っていないうちに死んでしまったので、ちょっと立ち直れなかったんです。

**玄侑**　簡単にいい思い出にはできないことだろうから、ずっと忘れないでいてあげるためのきれいな話にしたらどうかな。

**熊田**　はい。

**玄侑**　事故で死んじゃったことを忘れられるくらいのコロの生涯を書いてみたら？

　突然、お呼びがかかったのかもしれないよね。天国でちょっとコロに来てもらわないと困るということが起こったのかもしれないし。

　だから、交通事故はだれかのせいで起こるんじゃなくて、やっぱり偶然ですよ。偶然というのは自分の周りにたくさん起こっていますから、そこにあんまり責任を感じなくていいと思います。

　女の子に生まれたのだって偶然だし、これから偶然で幸せになっていったり、偶然でいやなことが起こったりいろいろしますけど、そういうことばかりが起こるわけじゃないから。

　二人とも文章がうまそうだし、いい話にしてください。

**子どもたち**　はい、わかりました。

**玄侑**　無理やり、死んでくれてよかったというふうに話を持っていかなくていいから。ひいおばあちゃんとコロ、それを並べちゃ悪いけど、その人たちのことをみんなにもすばらしい存在として知ってもらったらどうかな。

**森村**　ちょっと今の話を聞いていて思いついたんですけど、やっぱりひいおばあちゃんだったから、自分が死ぬのはわかっていたんじゃないかと思う。

**玄侑**　でしょうね。

**森村**　わたしがひいおばあちゃんにアンパンをあげて、幼稚園へ行っている間に喜んで食べて、そのあとすぐ亡くなったと言っていた。

**玄侑**　アンパンを食べたあとまもなく？

**森村**　そこまではよく覚えていないんだけど、なんかすごくおいしいと言って泣いていたって。

**玄侑**　泣いていた。それは嬉しかったんだろうね。アンパンも話に入れたら。

**森村**　もうちょっとよく調べてきます。

**玄侑**　そうですね。わたしにもどういうひいおばあちゃんだったか、わかるように書いてください。

じゃ、がんばって今日、書いてください。

**子どもたち**　ありがとうございました。

――玄侑さんの話を聞いて、何か発見はあった？

**熊田**　人や動物はただ死ぬんじゃなくて、必ずではないけど、何かを与えてくれて、思い出とかを残してくれるということがわかりました。

――コロの死も、ちょっといい話になりそう？

**熊田**　はい。やっぱりいっしょに遊んでいたから、明るい話も入れてみようと思います。玄侑さんの話を聞いていたら、人や生き物が死んでいくのはしょうがなくて、いつまでもクヨクヨしていてもしょうがないとか、そういうことを学びました。

**森村**　人の死は悪いことだけじゃなくて、自分に思い出とかを残していってくれたということが、今、はっきりとしました。

例えば、幼稚園のとき、キャンプに行く前に、わたしはお泊まりが苦手だったので、ひいおばあちゃんが勇気づけて送ってくれたりしてくれたのが、いちばん思い出になっています。

## 遠藤君の取材

**遠藤（駿）**　リレーでバトンをパスするのを失敗してしまった。

――パスを失敗したときの相手は？

**遠藤（駿）**　涼太。

――そのとき涼太君はどういうふうに感じたかとか聞いてみようよ。

**遠藤（駿）**　はい。バトンをパスし終わったときはどうでしたか？

橋本（涼）おれが悪かったなあと思いました。

遠藤（駿）失敗してからリレーカーニバルがあって、その練習をするときはどう思いましたか？

橋本（涼）友だちに、「焦《あせ》ることだけはしないでね」って言われた。

遠藤（駿）そのことにいい面はありますか？

橋本（涼）今度練習するときは、それに気をつけながらやる。だから、「その失敗が大きな成長へと導く」（笑い）くらいです。

遠藤（駿）ありがとうございました。

——遠藤君は、今の取材で発見があった？

遠藤（駿）うん。ぼくと同じで、失敗をしないようにというふうに練習できたので、ちょっとよかったところもあったなと思いました。

——涼太君の話で知らなかった話はあった？

遠藤（駿）涼太君が責任を感じていたのは知らなかったです。

——それを知ったときどう思ったの？

遠藤（駿）涼太君のせいだけじゃないのになと。ぼくもパスするのが遅かったこともあったから。全部が涼太君のせいじゃないから、あんまり気にしないほうがいいよという感じです。ちゃんとみんなで練習して、四位になれたんだからいいじゃないかみたいな感じ。

——涼太君はどんなやつだと思った？

遠藤（駿）いいやつ。

## 「怖い夢」の二人

橋本（涼）ぼくのテーマは、毎日同じ時刻に同じ怖い夢を見たことです。宗久さんは子どものころに、どんな夢を見ましたか？

**玄侑**　トイレに行っている夢をよく見た。それは、メモしなくていい（笑い）。同じ時刻ってなんでわかるの？

**橋本（涼）**　お母さんが言っていた。

**玄侑**　うなされていたんだ。

**橋本（涼）**　毎日、お母さんに、「気は確か？」みたいなことを言われて叩《たた》かれて、正気に戻って、またそれから寝ちゃう。

**玄侑**　自分はそのことを覚えていないの？

**橋本（涼）**　ちょっと覚えている。

**玄侑**　見ているとき、苦しいんだ。夢を見るのはどういう理由だと思う？

**橋本（涼）**　わかんないです。

**玄侑**　わたしも毎日同じような夢を見て苦しかったことがあるんです。二〇代になってもあったんです。でも、なぜか頭を剃《そ》ったらピタッと見なくなった。剃ってみる？

**橋本（涼）**　いやあ、いいです（笑い）。

**玄侑**　わたしの場合は、頭を剃ったら見なくなったんだけど、何かのきっかけで見なくなることはあると思うんだ。今も見ているの？

**橋本（涼）**　うん。ほんとにごくまれに。

**玄侑**　ふーん。でも、どういう内容なのかは覚えていないんだよね。

**橋本（涼）**　うん。でも、ちょっとぐらいは。何かがごっちゃ混ぜになっているような。

**玄侑**　何、それ？

**橋本（涼）**　考えていることがごっちゃ混ぜになっている、何を考えているかわからなくなっている。

**玄侑**　涼太君自身が、そういうふうに考えていることがごちゃごちゃになってわからないという状態なのかな。自分では、そう悩み事はないと思っているけども、眠るとそれが出てくるのかな。不思議だね。

これは今のところは涼太君にはいやなこと。いやだけど、不思議なことだよね。不思議なことが起こるというのは楽しいけどね（笑い）。

これをどういうふうにしたいの？

**橋本（涼）** この夢を見て成長したというか。

**玄侑** うん。夢というのは自分の頭の中にあって手の届かない場所なんだけど、でも、自分というのが、夢に出てくるような気がするのね。だから頭でわかっていたつもりの自分だけではない自分が夢の中にはいるんだろうから、夢を見るというのは豊かなことだよね。

わたしは、小説を書いていると、夢のような状態に入っていくときがあるんですよ。自分でもわからないうちに、そう書いちゃっているというようなね。それはなんか自分の奥のほうに眠っている自分が出てきているのかなと思って、どっちかというと嬉しいんだよ。難しいことだけど、どういう夢なのかがわかると、もっと面白いと思うんだけどな。

でも、橋本涼太君が主人公ではなくて、明日書いてもらうのは、だれか別の名前をつけてもらう。怖い夢を毎日見ている○○君がいるんだけど、その子にとって怖い夢というのはいったい何なのか。だれかからのプレゼントなのか。そういう距離をもった書き方をすると、また別な見方ができるんじゃないかな。これは、だれに話を聞くか難しいね。だれに聞こうと思っているの？

**橋本（涼）** まず、お母さん。

**玄侑** うなされた状態をよく知っているからね。お母さんにとっても、あまりいいことではないだろうね。お母さんのほかにはだれかいない？

**橋本（涼）** お父さん。

**玄侑** どういうふうに聞くの？

**橋本（涼）** 見た夢は、今の自分にどういう影響を与えるか。

**玄侑** この夢はいつから見ていた？

**橋本（涼）** 一、二年生ぐらいまで。三年生になって三春小に転校してきた。

**玄侑**　どこから？

**橋本（涼）**　芳賀《はが》、郡山《こおりやま》から。

**玄侑**　そしてあまり見なくなった。たぶん、こういうことを、専門家はどういう原因でこれは起こったんだろうと考えるでしょう。

けれど、涼太君がなんで起こったのかということをそんなに真剣に考えてもしょうがないと思う。もう起こってしまったことだし、過去のことになりつつあることだから、やっぱり今言ったように、今の自分にどんなふうにいい影響を与えているかという視点がいいと思う。

夢の世界というのは、自分では思うようにならないというのは感じるよね。

**橋本（涼）**　玄侑さんは、昔見た怖い夢について、今はどう思っていますか？

**玄侑**　わたしがいちばん怖かった夢は、全身から毛が生えてくるという夢なんですよ。毎晩その夢を見て、「あらっ、全身に毛が生えてきた」と、自分を見ている自分がいる。顔からも毛が生えてくる。目からも生えてくる。そのうち見ている自分もいなくなっちゃって、今度は黒い毛の塊《かたまり》になった自分を、上からの視線が見ているんです。

それって、とっても苦しい夢だったんですけど、自分では毛を剃りたくなかったのかなと思っているんですよ。だから、そんな夢を見たんだなって。実際に毛を剃っちゃったら、もうその夢は見なくなった。今では、そんなに必死に悩んでいた自分がかわいらしいというふうにも思えるのです。

「夢解《ゆめと》き」というものがあります。こういう夢を見たのにはどういう意味があると解釈する。

例えば、女の子の夢を見たということは、涼太君がその女の子の夢を見たとするじゃない。女の子のことを好きだから、その子が夢に現れたという見方もあるんですけど、まったく別な見方もあって、女の子が涼太君のことをものすごく好きだから夢にまで現れたという見方もあるのね。

どれが正しいかはわからないので、自分が夢を見ているということを涼太君なりに解釈したら、もしかしたらもう見なくなるかもしれないよ。「ああ、こういうことだったんだ」ということがわかったらね。

でもこれは、怖い夢を見なくするにはどうしたらいいかという話ではないんだよね。怖い夢を見ることで涼太君が獲得したものは、なんとなく見当はついているの？

**橋本（涼）** わからない。

**玄侑** 黒羽君も、今でも二日おきに怖い夢を見てしまうの？

**黒羽** 今はもうなくなったんですけど、五年生とか四年生ぐらいのときに、ときどき見た。

**玄侑** それはどういう夢か覚えているの？

**黒羽** 自分の家に友だちを呼んで遊んでいた。そしたらどんどん友だちが殺されていく。それをずっと見ているだけで、それで夢は終わっちゃう。

**玄侑** その友だちはいつも同じ友だち？　いつも遊んでいる友だちがどんどん殺されていった？　それはだれが殺しているの？

**黒羽** わからない。友だちをもっと大切にしろと言われているのかなとか。

**玄侑** いじめた子じゃないの、その友だちは？

**黒羽** おれが？　いや。一年生からの友だち。

**玄侑** それで、祥平君は、殺されないんだ。

**黒羽** いや、自分が殺されるところでいつも目が覚める。

**玄侑** なんか作家の才能があるんじゃないの？　でも、なんで二日おきなんだろうね。

**黒羽** 二日おきじゃないときもあるんだけど、だいたい二日おきぐらい。

**玄侑** これを話として書くとき、どういうふうにしたい？　だれに何を聞こうと思っている？

**黒羽** 友だちは自分が殺された夢をぼくに見られ

たことについて、どう思うかを聞いてみたい。

**玄侑**「夢の中で殺されてどう思うか」って。うーん、二人とも大変ですな、これは。

涼太君のほうは、夢の中でそういう事件は起こらないの？

**橋本（涼）** うん。また違う夢なんだけども、自分の家にいて、お父さんがどこかから帰ってきて、「ドライブへ行こう」と言う。それでお母さんが玄関にいて、「ついて行っちゃだめだ」とか言ったけど、ぼくはついて行っちゃって、どこかへ行ったら、変なマグマみたいなところだった。

**玄侑** お父さんに連れられて？

**橋本（涼）** うん。いっぱい人がいて、人の乗っている車をどんどんそのマグマに落としていく。

**玄侑** だれが？

**橋本（涼）** その周りにいた人たちがみんな。

**玄侑** お父さんと涼太君が乗っている車も？

**橋本（涼）** いや、ぼくたちはただ見ているだけ。周りの違う人たちが車をそこに落とした。

**玄侑** それもやっぱり怖い夢なんだろうね。それを何回も見るの？

**橋本（涼）** それは少ない。ほかには、川が乾きって、そこにガイコツとかがいっぱいあって、そこを抜け出そうと思っても蟻地獄《ありじごく》みたいにぜんぜん抜け出せなくて。やっと抜け出したと思ったら自分の家のドアから出てきた。

**玄侑** わたしもいやな夢を見ることがあったけども、起きているときみたいに頭で考えていることじゃない。夢に出てくることって、いいことも悪いこともなく、とんでもないことがいろいろ起こったりするじゃない。それってなんて言うのかな、人間の中に眠っている能力なのかもしれないなと思うんだよね。夢を見ること自体は、ぜんぜん悪いことではないと思っているからね。

人間って、あるとき一大決心して変わることがあるじゃない。まだよくわからないかもしれないけど、例えば、仕事で何かしようと思って決心するときとかね。そういう、人間が大きな転換をする前というのは、こういう夢を見ることがあるんじゃないのかな。

卵が孵《かえ》る前の雛鳥《ひなどり》って、ものすごく窮屈《きゅうくつ》な状態じゃない。閉じ込められているものが、涼太君とか祥平君の中にあって、それがムズムズしていて、こういう夢を見る。それがもしかしたらパカッと卵が割れて、こういう夢を見なくなったときは、二人が大きく変わるときなのかもしれない。

わたしの場合はそうだった。怖い夢を見なくなったときは、わたしが頭を剃る決心をしたときだから。だから、このまま平凡にいくんじゃなくて、なんかすごいことが起こるんじゃないの、二人の人生に。そういうことなのかもしれないね。

これはね、たぶん見なくなるときがあると思うんだよね。見なくなったと仮定して、書いてみたらどうだろう。涼太君という名前を使わないで、六年生のときに怖い夢を見ていた少年の何年後かの話を書いてみるのも面白いと思う。今では、これは笑える思い出になった、と。難しいかな？

**黒羽**　いや、ぼくはもうこの夢は見なくなったんだけど、なんか……。

**玄侑**　あんまりいい思い出ではないんだね。

夢の中で友だちが死ぬ。うーん。どうしたもんかな、祥平君は、夢に登場している友だちに聞いてみるつもりなの？「ぼくの夢の中で君は死ぬんだけど、どう思う？」って。それもいやだね。

**黒羽**　玄侑さんは、みんなの前で友だちとかが殺されたら、どう思いますか？

**玄侑**　そういう経験はないけど、どうにかなっちゃいそうだね。夢の中じゃなくて現実にでしょ。

——玄侑さんのお話を聞いて、発見はあった？

**橋本（涼）**　怖い夢とかを見るのは、想像力が豊かなことだと聞きました。怖い夢を見ても想像力が働いているんだから悪いことではない。

玄侑さんは、卵がパカッと割れたみたいになって、夢を見なくなったということがよくわかった。ぼくもそうなるのかなあと思いました。

玄侑さんも怖い夢を見ていたけど、あるときから見なくなったと聞いて、よかったと思いました。ぼくだけじゃなかったんだなと思いました。

## 玄侑さんの宿題

――玄侑さんの宿題は順調ですか？

**玄侑**　おかげさまで苦しんでいます。

――どういうところが？

**玄侑**　うーん、オネショを告白できる物語にはできたんですけども、どの程度フィクションにしていいかなという部分ですね。

――不幸でない物語にできそうですか？

**玄侑**　覚悟とともに、それはなんて素晴らしいことだったんだろうということに。オネショをしたおかげで今のわたしがあるんだなと、そうは思っております。

最初に書いてみたのが、極楽の池の水を調節するためにオネショはどうしても必要なんだという話だったんですけども、ちょっと宗教色が強すぎるのではという声がありましたので、青い地球という観点から攻めようかと思っています。

でも、それでもやっぱりだれかが管理していないと、うまくまとまらないんですね。管理している人というと、神様かなという。宗教って偉大ですね、やっぱりオネショも救うんだ。

# 授業④

# 自分の物語をつくる

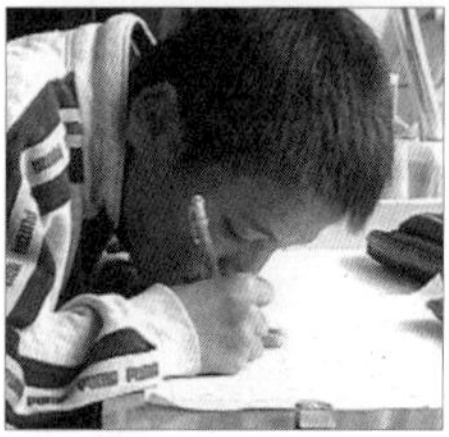

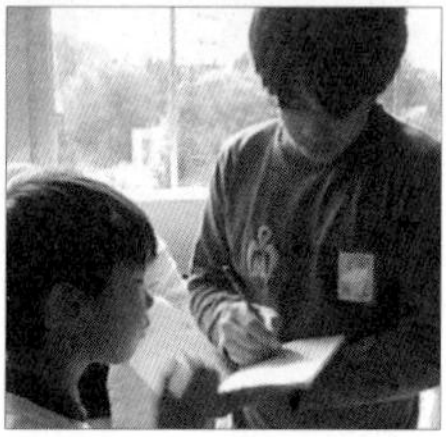

自分の事件史から選んだ「自分が今までもっとも不幸だと思うこと」について、子どもたちは両親や友だちに、別の考え方を求めて取材してきた。

玄侑さんも子どもたちと同じように、自分のテーマを決め、自分と違った見方の取材をし、その物語をつくった。

まず、玄侑さんのつくった物語「お月様の秘密」が発表された。

次には、子どもたちも物語づくりに挑戦するために、玄侑さんからいくつかのアドバイスが示された。

# 玄侑さんの物語発表

## 何がいちばん不幸だったか

**玄侑**　おはようございます。毎回、拍手で迎えていただいて、ありがとうございます。

作文を書くための取材をしてもらいましたが、うまくいきましたか？　今日は時間はありますので、ゆっくり、じっくり書いてください。

わたしの事件史ボードをもう一回見てください（五七ページ参照）。事件の色分けをニコニコマークと泣きマークで表しました。わたしは今、四五歳なんですが、四五歳になってみると、たいていのことがニコニコマークになっちゃっているんです。

小学校六年生のころは、お寺に生まれていやだったなと思っていましたけども、今はとってもよかったなと思っています。だから誕生のところは、今はニコニコマークになっています。

三年生のときに、「死ぬということに気がついて毎晩のように泣いていた」というのも、だんだんいろいろわかってきました。ニコニコというほどでもないですけどね。でも、このことで、お坊さんになるのにいい勉強ができたなと思っています。

それから「ボウズというあだ名がいやで、逆に自分から坊主頭《ぼうずあたま》にしてみた」とありますが、本物の坊主になっちゃったので、まあいいかなと。

「初めて恋に落ちた」。彼女も結婚して幸せにやっているみたいだし、よかったなと。

おじいちゃんが七八歳で死んだのですが、おじいちゃんに教わったことを今ごろになって思い出したりします。わたしの中には、おじいちゃんという人が今も生きているし、七八歳で亡《な》くなったことはしょうがないことですものね。

だけど、この部分、六年生のときにもけっこうオネショをしていたことは、じつはこの授業がなければずっと隠しておきたいなと思っていたことでした。しかしわたしも、みんなにいやなことを公開してくださいとお願いしたので、わたし自身もいろいろ考えました。友だちに電話で聞いたりしてみました。わたしは今、四五歳で人に言いたくないことというのは、この部分、オネショのことですね。ですから、これについて作文を書こうと思って書いてきました。

なかなかオネショのことを話せる友だちというのは、いないんですよ。みんなのなかで、なんでも話せる友だちが、四、五人いると書いていた人がいました。すごいなと思いました。わたしも、オネショをどうにかいい思い出にできないかと思って、それでもいろんな友だちに電話して聞いてみました。

最初はわたしも、「いや、じつは自分がかなり遅くまでオネショをしていたんだ」ということを正直に言いたくなかった。「オネショがなかなか治らない子どももっているけど、それはどういうわけでしょうね」って、なんか人ごとみたいに聞いていたんですよ。そしたら向こうも、人ごとだからあんまり真面目に考えてくれなくて、期待した新しい見方というのはもらえなかったんです。

だから、もう決心して、「いやじつは、わたしは六年生のときでも、しょっちゅうオネショをしていたんですけど、それはどうしてなんでしょうね?」と聞いてみたんです。そしたら、新しい見方が得られたんです。

夢を見てオネショをしたことは、みんなも一回はあるよね。夢を見て、「ああ今してもいいんだな」と思ってしない? トイレに行った夢とか、わたしなんかは、オシッコが出そうだなと夢の中でトイレに走って行く。そして、「あっ、間にあった」と思ってしているんです。しちゃったら、布団の中だったということが多いんです。

わたしが聞いた友人が言うには、「夢の中の情景がとてもはっきり見えているのでそういうことが起こるのだから、それは想像力が豊かだからじゃないか」と。想像力ってわかりますか？　現実に見える世界とは別に、頭の中で描いちゃう世界が見える。それも、はっきり見えるということですね。だから「オネショをしない子よりも、する子のほうが想像力が豊かなんじゃないの」と言うのです。

感受性って知ってる？　感受性というのは、心が何かいろんなことを感じる力。「オネショをする人のほうが感受性が豊かで敏感なんじゃないかな」ということを、その人が言ってくれたんです。「オネショをしていい思い出はなかったかもしれないけど、今、オネショをしなくなってみると、ものすごくそれが役立ってるんじゃないか」と言われて、「そうか、そう考えることができるなら、自分も思い切ってオネショのことをみんなに言おう」と思いました。ちょっと聞いてもらえる話にできるかなと思って書いてきました。それを読んでみたいと思います。

### 玄侑さんの作品朗読

**玄侑**　頭を空っぽにして、聞いてみてくださいね。「お月さまの秘密」という題です。主人公は、自分の名前ではなく、Q太郎君です。

**「お月さまの秘密《ひみつ》」**　玄侑宗久

Q太郎君には、人に言えない秘密がありました。それは、両親と姉弟、そしてQ太郎君が二二歳のときに亡くなったおばあちゃんだけしか知らないことです。

今までだれにも言わなかった秘密とは、じつはQ太郎君は六年生になっても、しょっちゅうオネショをしていた、ということです。今でいう宿泊学習にあたる臨海学校のときなど、夜中になっても不安で眠れませんでした。

四五歳になるQ太郎君は、最近になって五一歳の友だちに訊《き》いてみました。

「オネショって、どうしてするんでしょうねえ？」

まるで他人事《ひとごと》のように話しているうちは、友だちも本気では考えてくれませんでしたが、Q太郎君が正直に告白《こくはく》すると、友だちもまじめに話してくれました。

「オネショは感受性《かんじゅせい》の豊かな子の特権《とっけん》ですよ。だってトイレへ行ったり、プールで泳いでいる情景《じょうけい》を、あまりにもありありと思い浮かべてしまうから出しちゃうわけでしょ。それにオネショの悲しさを知ることで、ますます感受性や想像力《そうぞうりょく》が豊かになる。あなたが芥川賞《あくたがわしょう》をもらえたのも、きっとオネショのお陰《かげ》ですよ」

Q太郎君はなんだか嬉《うれ》しくなって、その友だちに訊《き》きました。

「ところで、あなたはいくつまでオネショをしていたんですか？」

「ぼくですか？……そうですねえ、二〇歳くらいかなあ」

そこでQ太郎君もつい正直に言ってしまいました。

「そうですか、じつはわたしもね、高校生になってもしたことがあるんです」

友だちと話をした日の晩、Q太郎君は奇妙な夢を見ました。青い地球が遠くに見え、Q太郎君のすぐ側《そば》にはなんだか見たことのある耳の大きな白い動物が大勢、モニター画面を見ながら忙《いそが》しそうに動いています。そこにはつぎつぎに世界中の子どもたちや、ときに大人も映るので、Q太郎君は不思議に思って、その見覚えのある白い動物に訊《き》いてみました。

「あそこに映っている子どもや大人たちは、何ですか？」

すると白い動物が振り向き、Q太郎君もやっとそれがウサギなのだと気づきました。

年寄りウサギらしい一匹が悲しそうに言いました。

「ワシらはお月さんに住んでもう何百年になるか忘れたが、餅《もち》つきするだけが仕事ではないんじゃ。あれはな、今晩オネショをしてもらう候補者《こうほしゃ》じゃよ」

「えっ？　だれがオネショするかって、ここで決めるの？」Q太郎君はなぜか子どもの口ぶりで訊《き》きました。

「そうじゃ、あんたにもずいぶん世話になったなぁ。だれにでも頼《たの》めることじゃないし、永いこと助かったよ」

Q太郎君が不思議そうにウサギの赤い目を見つめると、ウサギは遠い目で彼方《かなた》の地球を眺《なが》め、それから悲しそうにモニターを見つめて言いました。

「月がきれいに輝くためには、なぜかは知らんが地球人のオネショが必要なんじゃ。だから感受性の強い子ばかり大勢選ばなくてはならん。今日のように満月だと、その数も多くなる。わしらも心配で眠れんから目もこんなに赤くなってしもうたし、お母さんに叱《しか》られる様子に聞き耳を立てていたら、ほら、耳もこんなに長くなってしもうた。辛《つら》いことじゃ」

四五歳のQ太郎君は、ウサギの真っ赤な目から涙《なみだ》が勢いよく流れ出るのを見て目を覚ましました。すぐに、久しぶりにオネショをしたかと思って確かめましたが大丈夫でした。

表に出て月を見上げてみると、きれいな満月でした。なんだか今までより、月が寂《さび》しい色に見えましたが、しばらく立っていると寒くなってきてトイレに行きました。そしてオシッコをしながら、Q太郎君はオネショができなくなったことをちょっぴり寂《さび》しく感じました。

「オネショをしてみたくなった？」

玄侑　終わりです。（拍手）どうですか？　だれかちょっと意見を聞かせてくれる？

男子　質問なんだけど、本当にそういう夢を見たんですか？

玄侑　それに近い夢を見ました。

男子　面白い。自分が思っていることをちゃんと文に表せていて、いい作文でした。

玄侑　いい作文（笑い）。ありがとうございます。

女子　ウサギの目が仕事をずっとやっていたから赤くなったというのと、耳が長くなった理由が聞き耳を立てていたからというのが面白かったです。

玄侑　ありがとうございます。ちょっと字数を短くまとめなきゃならないので、ウサギの大きさはどのくらいなんだろうとかは書けなかったんですけども。毎晩ウサギさんがオネショをする子を選んでいるんですね。オネショも悪くないのかなっていう気に少しはなった？

男子　オネショも想像力が豊かな人でないと、あんまりしないということもわかった。

玄侑　オネショをしてみたくなった？（笑い）

男子　そういう意味ではないけれど。

玄侑　オネショをいくつぐらいまでしました？

男子　三歳四歳止まりだよね。
玄侑　三歳四歳。なんでそんなに早いのかな。
女子　感想というよりも質問になるんだけど。ウサギさんがオネショの人を決めていると言いましたよね。ということは、Q太郎君がオネショをした日は選ばれていたんですか？
玄侑　そうなんです。選ばれた人なんです。オネショをさせてもこの子はひねくれないかな、この子は大丈夫かな、そういうふうにウサギさんがいろいろ考えて選んでいるので、目が真っ赤になっちゃったんですね。だからわたしは、「この子は大丈夫だろう、まだ大丈夫だろう」といつまでもさせられたのかなというお話にしてしまったんです。

## 物語のつくり方

玄侑　みんなにこれから書いてもらいますが、どうやって書いたらいいかをちょっと整理してみたいと思います。
今まで自分が不幸だと思っていたことに別な見方ができたということが、今回書いてもらうものの出発です。取材でいろんな人に聞きましたよね。自分が考えていたのと違う考え方をしていた人の話を聞いて、何か発見したことがあるでしょ。その発見したことを作品の中に必ず

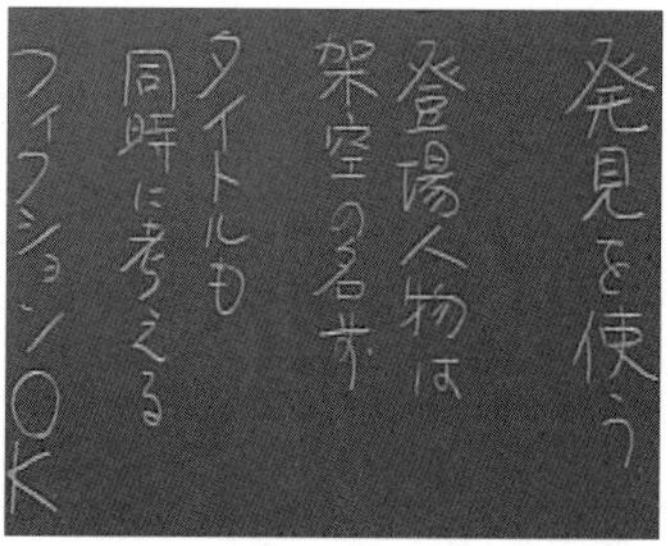


入れてください。それにはいろんな表し方があると思います。

それから、「ぼくは」とか「わたしは」というふうに書くと、どうしても恥ずかしさが出てきます。それは、自分がやっぱり世の中でいちばんかわいいからね。どうしても一人の人間として見ることが難しい。

ですから、わたしは主人公に「Q太郎君」と名前をつけました。こういうふうに別の主人公にしてください。架空《かくう》のだれでもない名前を自分で考えてください。そして、その人を自分が距離をもって見ているというふうにして書いてみてください。

書き方はいろいろあると思いますが、わたしの場合は、「お月さまの秘密」という題にしました。題もとても大事です。内容をこれから考えてもらうときに、タイトルも同時に考えてください。書き終わってから、「さあ、なんていうタイトルにしようかな」というのでは、書いたものそのもののまとまりが悪くなります。だから、タイトルも同時に考えてください。タイトルが先にできたら、もう内容もできたようなものです。

物語の中にお月さまやウサギさんが出てきましたけれども、人間とウサギがどうやって話すんだろうか、なんて考えてしまう人もいると思います。現実には起こらないようなことをお話の中では起こしてもらってもいいです。

例えば、わたしの物語では、Q太郎君というちょっとわたしを小振《こぶ》りにしたような子どもを思い浮かべたと思います。これを例えば、カメやタヌキなどの動物の話にしてもいいですし、うんと現実離れした話にしてもらってもいいです。そういう形にすれば、なんとか自分の苦しかったことも変えられることもあると思います。

不幸だった話が、いきなり幸せだった話というところまで行くかどうかはわからないですけども。わたしの場合はオネショというのはいい思い出じゃなかったんだけど、感受性が豊かな子だから長いことオネショがやまなかったんだなって考えたときに、ちょっとくらいはいい話になったでしょう。人に話せる話になった。

「ちょっといい話」をみんなには書いてもらいます。すでに、何をどういうふうに書くかを決めている人もいると思いますけども、まだ決まっていない人は、心を一回空っぽにして、この間、坐禅《ざぜん》とかをやって感じたことも思い出してください。

自分が思い込んでいる心って何でしょう。みんなは、なんで心というか、知っているかな。「心」という漢字が中国から伝わってきたとき、この字は「シン」と読んだのです。だけど、シンじゃわかりにくいから、日本人は日本人の読み方を考えましょうといってできたのが、「ココロ」という読み方なんです。心というのは何から来ているかというと、「コロコロ」から来ています。コロコロ変わる。同じ状態でない。コロコロ変わるから、ココロと読んだのです。

ほかにもそういう言葉はたくさんあります。例えば、仏様《ほとけさま》の「ホトケ」というのは、「ホドケル」という言葉から来ているのです。こんがらがっちゃったのがほどけた。ほどけた状態を仏様といいます。

ほかにも、杉の木は、真《ま》っ直《す》ぐな木です。「直ぐ木」というのが縮まって「スギ」になりました。椿《つばき》は艶《つや》のある葉っぱの木です。「艶葉木《つやばき》」が縮まりました。日本人がとってもいい読み方を考えたんですね。

コロコロ変わるから心。みんなが不幸だと思い込んでいる心も、なんかグッと縛《しば》りつけられたみたいになっているかもしれないけど、ちょっと押してやると転がります。コロコロ変わります。だから今、不幸だと思っているそのことにこだわらないで、まだ何を書こうか決まっていない人は、背筋を伸ばして空を眺《なが》めてみたりして、ゆっくりと呼吸をしてみてください。そうして、自分の不幸だと思っていることをもう一回見つめて、別の見方を見つけて書いてください。

# 授業⑤

# 子どもたちがつくった物語

いよいよ子どもたちのつくった物語の発表である。

　まだできあがっていない子どももいるので、できた順に発表していくことになった。

　取材のプロセスをそのまま書いて物語にしたものもあるし、ファンタジーに仕上げたものもある。

　玄侑さんがねらったように、子どもたちは自分がもっとも不幸だったという思い込みの出来事から、「ちょっといい話」に自分でつくり変えることができただろうか。

# 子どもたちの物語の発表（前半）

できた人から順番に

**玄侑**　みなさんできましたか？

終わっている人から発表してもらいますので、できていない人は友だちの書いたのをよく聞いて、自分のものを考えてください。

まだの人は昼休みに書いて、午後から発表してもらいます。

**玄侑**　では、壽君《ひさし》からいこうかな。
**橋本**（壽）恥ずかしいな。
**玄侑**　前に出て、あまり速く読まれるとわからないから、みんなにわかるスピードで大きな声で発表してください。

## 「N君の恋物語」

橋本壽

N君には五人も好きな子がいました。しかし、N君は女子にきらわれていて、「好きです」と言っても、「気持ち悪い」などと言われてしまいます。自分でも努力しているのにどうしてだめなんだろうと思うときもありましたし、友だちに相談しても、「自分で何とかしろ」とも言われました。

N君はその夜、どうして自分がきらわれているか、お母さんに聞いてみました。すると、「きらわれても時間がたてばいい思い出になる、今は元気に過ごせばいい」と答えてくれました。

そして、N君が寝ようとすると、なぜかカレンダーが二〇一六年になっていました。N君は一五年後の世界に来たのです。

N君はベッドからおりると、教会の前にいました。すると、N君は、しかたがなく教会に入りました。そして、一五年後の自分が目の前にいました。そして、こうつぶやきました。

「はぁ、あともう少しでおれの結婚式だ。今思うと一五年前の恋がなつかしい」と、つぶやくと、N君はベッドの上で横になっていました。

心配になったN君は、カレンダーを見てみました。すると、日づけは、二〇〇一年でした。N君は未来の自分がくよくよしていなかったのでほっとしました。そして、N君はこれから元気よくすごそうと思いました。

玄侑「これから元気よく」って、今も元気だけれどもね。二六歳で結婚する予定？

橋本（壽）結婚する予定です。

玄侑　そのころも悩んでいたら、来てください。とても面白かったです。
橋本（壽）　はい、ありがとうございます。

「救急車のひみつ」

細貝隆

三郎君は、三歳《さい》だというのに四〇度の熱が出てしまいました。不幸なことに、その日にはおばあちゃんしか家にいませんでした。あまりの熱で、鼻血がドバドバ出てきてしまいました。

「大変だ、大変だ、救急車をよばなくちゃー」

三郎君は、救急車に乗せられました。三郎君は、そのときにはもうねむっていました。

「また病人かのう～」

「だれですか？」

「わしゃ、三郎君が乗っている救急車じゃよ」

「そうなんですか。だけど、病院の人が毎日あなたをみがいているのに、なぜそんなにぼろぼろなんですか？」

「それは、わたしが乗せる病人はほとんど死んでしまうからですよ」

「病人が死ぬと、どうなるんですか？」

「病人が死ぬと、わしはきたなくなってしまうんだよ。病人が助かると、わかがえるのじゃよ」

「そうなんですか」

「じゃ、またあとでのう」

目をあけると、三郎君の熱がおさまっていました。

病院から出るとき、あの救急車がかがやいて見えました。

玄侑　すごいね、救急車がしゃべるんだね。病人を乗せて、その人が死んじゃうとボロボロになって、その人が元気になると若返る。救急車が若返るのに一役買ったわけだ。大変面白かったです。どうですか、みんなは面白い？　まだできていない人も参考にしてね。

次の熊田さんのも、ずいぶん大変な体験ですね。

「コロが死んでつぐみが学んだこと」

**熊田由美**

小学三年生の春休み、つぐみは福島に来た。久しぶりにおばあちゃんやおじいちゃんに会えて、つぐみの心は喜びにあふれていた。それと、一匹の犬に会った。その名はコロ。

コロはつぐみたちを明るくむかえてくれた。そして、すぐに仲よくなった。それから、つぐみと妹のななみは、新しい学校で明るく生活をしていた。けれども、バレーボールを習いはじめて、コロとあまり遊べないのが心の中ではちょっぴりさびしかった。

四年生のときの夏休み。久しぶりにおばあちゃんとななみとつぐみは、コロと散歩に行った。このあと、とてつもなく恐ろしいことが待ち受けているとは、このときだれも気づかなかった。

好奇心旺盛《おうせい》なコロは道を渡ろうとしました。そして…コロはつぐみたちの目の前で車とぶつかりました。コロはぐったりして動きませんでした。つぐみの目からは大粒の涙がこぼれました。つぐみはその日、ずっと泣いていました。自分に責任があると思い、責めていたのです。

その夜、やっぱり、まだつぐみは泣いて、なかなか眠れませんでした。少し時間がたちました。つぐみはぐっすり夢の中です。夢の中でつぐみは泣いていました。とても悲しかったからです。そのとき、上から何か降りてきました。それはコロでした。つぐみは思わずコロにだきつきました。つぐみは自分のせいでコロが死んでしまったと思っていて、謝《あやま》りました。コロは悲しい顔をしたつぐみをなぐさめてくれました。そして、つぐみは目をさましました。つぐみはコロに何かしてあげられるか、考えました。

それから二年後、六年生になったつぐみは、今でもコロが死んだことを気にしています。そしてある日、学校帰りのとき、つぐみはコロのことについて考えていたら、不思議なお坊さんに会いました。そして、コロのことを作文のテーマにして書くことを言いました。

そのお坊さんは、自分の犬が死んでしまったときのことを話してくれました。とてもかわいそう。自分と同じようなことで失ってしまったからです。話を聞いていて、つぐみは、犬でも人間でも関係ない。家族の一員だった事実は変わらないということがわかった。

そして、大切なのは心で、自分の責任ではないということ、死とはしょうがないことと、いつかだれにでもやってくるということもわかった。

コロが死んでつぐみが学んだこと、それは、悲しくても元気に笑っていれば、心も気持ちも明るくなる。でも、さびしいときは思い出すようにする。コロとの暖かな思い出を。

玄侑　文章がものすごくうまいですね。コロが夢に出てきて、なぐさめてくれた。あそこでわたしはもうちょっと期待しちゃったんだけれども。お坊さんの話を削除して、もう少しそこを膨《ふく》らませてもいいかなと思うけれども、とてもいい話でした。少しは楽になりましたか？

熊田　はい。

玄侑　それはよかったです。ありがとうございました。次は、剛君。

「気句朗《きくろう》の物語」

**橋本剛**

気句朗には、久理金豚《くりきんとん》という姉がいました。気句朗は久理金豚にいじめられていました。こんなことなら久理金豚よりさきに生まれればよかったのにと思うようになりました。

このことを友だちに相談してみました。ひさ朗君に聞いたら、最初に生まれて長男になると、弟や妹がやったことを自分のせいにされるから、できたら弟になりたいと言いました。

それだけじゃなっとくがいかないので、今度はゆう次朗君に聞いてみました。ゆう次朗君は、小さいことで妹や弟にすぐもんくを言われる、と言っていて、長男は楽ではないと言われました。

なんとなく弟がいいかなと思ってきたけど、まだ兄のほうがいいと思っていたので、亮ノ助《りようのすけ》君に聞きました。亮ノ助君は、上に姉がいるから、姉にいじめられると言っていました。

気句朗君はみんなに聞いて、弟でもいいことがあるんだなあと思いました。

　その日の夜、気句朗君は、いつもは一二時にねるのに、今日はどうしたことか八時に寝ました。そして夢を見ました。その夢とは、人が生まれる谷という所に立っていました。

　家があったので、そこに入りました。しかし、そこには人のたまごを作っている神様がいました。その神様はやさしい人で、お茶をいれて、弟や妹、兄や姉というのは関係ないんだと言ったとき、目がさめてしまいました。

　次の日はちこくせず学校に行ったそうです。

**玄侑**　人が生まれる谷で、神様がどの卵を先に取るか、その順番で決まるということね。
**男子**　お茶をいれてくれるなんて、なんてやさしいんだ。
**玄侑**　上に生まれるか、下に生まれるかは関係ない。それで、剛君は少し楽になった？
　人が生まれる谷の神様は、どういう格好をしているかというのは、浮かんだ？
**橋本（剛）**　あまり浮かばない。
**玄侑**　ありがとうございました。次は、荒井都さん。

# 「不思議な森の不思議な話」

荒井都

あるくまの群れに一ぴき、種類のちがう仲間はずれのくまがいました。くまの名前は、「なやみちゃん」。名前のとおり、いつもなやんでばかり。今のなやみとは、実は若《わか》しらがあるのです。黒いくまなのに、一部に白くあるのです。ついたあだ名は、「おばあちゃん」。とてもいやで、群れからはずれて過ごしていました。

ある日、友だちのりすの「ぴょんちゃん」に聞いてみました。

「ぴょんちゃんは、いやなあだ名をつけられたことはある?」

「あるよ。小さいから、チビって。今でも呼ばれているよ」

「いやだと思わない?」

「最初は思ったよ。でも、声はしたしみをもって言っているように聞こえるの」

すると、お母さんくまがやってきました。そこで、なやみちゃんは、お母さんに一部しじゅうを話しました。お母さんは、

「わたしも小さいとき、あだ名をつけられたよ。群れについていくのもいやだった。でも、まけるもんかと思い、がんばったよ。それに、友だちは、したしみをこめていってくれたから、ぜんぜん気にしなくなったよ」と、言いました。

なやみちゃんは、ぴょんちゃんと同じことを言っているお母さんを見て、あだ名をつけたちょう本人の所へ行って聞きました。

「わたしが嫌いだからつけたの?」

ちょう本人のべつに君は、「しらががあるからだよ。それだけ」

あっさりと答えました。すると、

「ぼくには、あだ名がなかったんだ。だからなやみちゃんがうらやましかった」

なんと。はづき君じゃないか。はづき君のよ

うなあだ名のないくまは、みんなうらやましかったのです。しばらくたって、しらがもなくなってゆきました。
これで、不思議な森の不思議な話はおわり。

**玄侑**「おばあちゃん」というあだ名もそう悪いものでもなかったと思いましたか？　クマの話にしたというのはすごいね。

**荒井**　クマは黒いから、白髪《しらが》が目立つかなと思いました。

**玄侑**　面白かったです。次は、理絵ちゃん。

**「ふたつのりんご」**

**佐久間理絵**

りんごは、あるあだなでなやまされていました。それは、「デブりんご」というあだなでした。りんごはそのあだながいやで、泣いたこともありました。そして、友だちに相談しました。
そうしたら友だちは、
「小さいりんごより大きいりんごのほうがいいじゃん！　いやなあだなのよい所をみつけて、そのあだなをだんだん好きになればいいんじゃない？」と言われました。それを聞いてりんごは、みんなそんなふうに思ってくれていることがわかって、とてもうれしくなりました。
その数日後、町内の陸上交歓《こうかん》会がありました。そこには、いろいろな人がいました。大きい人から小さい人。そこで、りんごは自分と同じくらいの体けいの人を見つけました。りんごは、「あの人にはあだ名がついているの？　もしついているとしたらどんなあだ名？」りんごはその人にあだなを聞いてみようと思いましたが、もしもその人に「なんであんたに教えなくちゃいけないの？」みたいなことを言われたらどうしようと思いながらも近づいて聞いてみたら、

「私のあだなは、世界一かわいいりんごよ！」

と言ってくれました。りんごは、「え、この人が世界一かわいいりんご？」ちょっと不思議に思いましたが、世の中にはいろんな人がいるんだなーと思いました。

何だかりんごは、元気が出ました。

「デブりんごでも、いいじゃん！」

玄侑　毎晩泣くようなあだ名だったんだ。

佐久間（理）毎晩ではないけれども、ときどき泣いたことがある。

玄侑　でも、今はそんなこともあったと言えるようになった？

佐久間（理）まあ。

玄侑　その陸上交歓会の話はほんとの話？

佐久間（理）いや、違う。フィクション。

玄侑　ほんとかなと思わせたところがすごかった。どうもありがとうございました。

## 「やっぱり三男」

堂山誠

三郎君は、実は毎日のように兄さんにいじめられていました。今日も、いつものようにボコボコにされました。だから、三郎君は、いつものように長男はいいな、と思っていました。

そしてある日、親友の裕造君に相談してみました。すると、「三男も三男でいいことがあるんだからいいじゃないか」と、言われました。三郎君は、そういえばそんな気がするな、と思いました。

しかし、やっぱりボコボコにされるので、それがいやでした。

その夜、ベッドで三郎君が寝ていると、いきなり黄色い光が三郎君にふりそそぎました。

「うわっ」

三郎君は、いつの間にかＵＦＯにのっていました。そして、三郎君のまわりを火星人がとりかこんでいました。

「おまえが三郎とやらか」

三郎君は困りながらも答えました。

「はい、そうです」

「そうか、実はたのみ事があってきみをここに連れてきたのだ」

「なんでしょうか」

「きみに火星の王がのこした城をあげようと思うのだが、きみの兄さんはあとつぎをしなければならないからきみに城をあげよう」

「はい、いいですよ」

と言って、三郎君は城を手に入れました。

それからというもの、三郎君は三男はいいなと思うようになりました。

玄侑　火星の王様が、お城のあと継ぎを探していたんだ。そういうことがあるといいね。いろいろ取材して、三男も悪くないという感じは持ったでしょう。

---

「お金で買えないプレゼント」

黒羽祥平

守助《もりすけ》さんは、毎日こわい夢をみていました。その内容とは、友だちが目の前で殺されて、自分が殺されるというところで終わってしまいました。守助さんは、そのことが気になって、毎日夢を見るのが、こわかったそうです。

ある日、守助さんは決心をしました。守助さんは思い切って、夢の中で殺された友だちにその夢のことをすべて話してみました。そしたら友だちは、

「だれとも遊べなくなるし、悲しいなー」

と言いました。守助さんは悲しい気持ちで家に帰りました。

その帰り道、光っているへんな生き物にあいました。へんな生き物は、こんなことを言いました。

「ぼくがこわい夢を見せていたんだよ」。

守助さんはおこって言いました。

「なんでー」。

そうしたら、「だって守助さんがこのごろ友だちをたいせつにしないでいたから見せたんだ」と言って消えてしまいました。

守助さんは、すこし考えて、また友だちの家へもどりました。友だちは、きゅうにまた来てびっくりしたけれどわけを話して、友だちとこの前よりずっとなかがよくなり遊びました。

**玄侑**　友だちを最近大切にしていないから、そういう夢を見たんだというのは、だれかがそう言ったの？　自分で考えたの？　それはすごいね。「守助さん」というのは、「守って助ける」という意味？

非常に重い話を楽しく聞ける話にしてくれたのは、すごいですね。よかったです。

## 前半の発表を終えて

**玄侑**　今までで何人だろう。ずいぶん聞いたんですけれども、どうですか、聞いてみて。

**遠藤（駿）**　みんないいのをつくったなと思った。悪かったこともいいなと思っている人がこんなにいるから、ちょっとびっくり。

**玄侑**　黒羽君だって、何か光る生き物が出てくることを思いついたり、とても自分だけでは考えられないようなことを思いついたりしているよね。あれは自分で思いついたの？

**黒羽**　最初は神様にしようとしたんだけれども、何か変というか、やっぱり……。

**玄侑**　坊さんに悪いかなって（笑い）。何か光る生き物にしたんだよね。

ここでいったん休憩《きゅうけい》にします。お昼休みに、まだできていない人はできるだけがんばって仕上げてください。

# 子どもたちの物語の発表（後半）

発表の続き

玄侑　いよいよ最後の時間ですね。それでは、続きの発表です。さっきまでの発表は、かなりまじめに自分のことを見つめてくれたと思います。この時間も期待しています。

---

「ひいおばあちゃんのひみつのお菓子」

**新野さくら**

もみじは小学二年生で、もみじには、ひいおばあちゃんがいた。ひいおばあちゃんはもう百歳ちかかった。もみじはいつも学校から帰ると、ひいおばあちゃんの部屋に行ってお菓子をもらってた。ひいおばあちゃんは、おばあちゃんにたのんでお菓子を買ってきてもらう。それをいつももみじたちにくれるのだ。そんな楽しい日が続いていた。

一二月、雪がたくさんふっていたころ、一二月六日、ひいおばあちゃんが九九歳になった。みんなでお祝して、とても楽しかった。

だけど、楽しかった思い出を全部わすれてしまったことがある。それはひいおばあちゃんが死んじゃったときだった。その日からもみじは、ずっと泣いていた。やっと泣きやんだと思うと、またひいおばあちゃんを思いだして泣いている、それの繰り返しだった。

たくさん泣いていると、いろんなことを思いだした。もみじは、きのう見た夢を思いだした。

もみじは、ざしきにすわっていた。横にだれかが寝ている。ひいおばあちゃんだ。

ひいおばあちゃんがもみじの手をにぎった。手にあたたかいものがさわった。お菓子だった。ひいおばあちゃんがひっしにもみじの手をにぎって、なにか言っている。でももみじには聞こえなかった。そして、そのつぎの日にひいおばあちゃんは死んでしまった。

ひいおばあちゃんが言っていたことは、わからない。だけど、ひいおばあちゃんが死んじゃったことで、その人の大切さや、まわりのみんながかなしむということがわかった。

かなしいときやこまったとき、ひいおばあちゃんとお菓子に助けてもらったけど、今は、ひいおばあちゃんに助けてもらわなくてもがんばっていける。

玄侑　文章がうまいね。そのお菓子が温かいんじゃないんだよね。どういうお菓子をよくもらったの？

新野　小さいおせんべいみたいなもの。

玄侑　今はだれかお菓子をくれる人はいるの？

新野　いない。

玄侑　お菓子をもらわなくても大丈夫になったの？

新野　うん。

玄侑　どうもありがとうございました。何か聞いていてぜひ感想を言いたいという人は手をあげてね。次は三澤さん。主人公は何というんですか？

三澤　ナデシコです。

玄侑　ナデシコが好きなの？

三澤　おばあちゃんとかがお花を好きで、わたしもお花に興味を持とうかなと思っているから。

---

「元気をもらったナデシコ」

三澤芽久美

むかしむかぁし、ある山の中に、五人の家族が住んでいました。

その五人の中でも元気な女の子がいます。名はナデシコ。

お姉ちゃんはいつもお母さんにべったりだったので、いつもいつもナデシコはがまんをしていました。そのことがナデシコにとってはとてもつらいことだったのか、指をなめるようになってしまったのです。

数日後…ナデシコとナデシコのお姉ちゃんは、天気がよかったので外に出て砂遊びをして仲よく遊んでいました。そして、またナデシコのクセがでてしまったのです。

するとと、何日かたったある朝、気分が悪くなりいきなり泣きはじめました。すぐに病院に行きます。そしていろいろな検査をしました。

数日後には、検査の結果が電話できました。もう学校を休んでから二週間がたつ時、そんな時に、こんなことを言われました。

「検査の結果、サルモネラきんの食中毒ということがわかりました。あと一週間ぐらい休んでください」と言われたそうです。サルモネラきんは、ねずみがしたおしっこの中に入っているそうです。

そんなある日のこと、ニシキギ先生がナデシコの家に家庭訪問に来ることが決まりました。

そしてついにその日（当日）、午後になってクラスの代表のさくら子ちゃんが、みんなからのお手紙をナデシコのもとへととどけに来ました。

ナデシコの目には涙がこぼれました。よほどうれしかったのでしょう。そして、みんなの手紙を読んで、すっかり元気になりました。

おかげで、指をなめていたのもすっかりとまりました。そして、なにごともなかったかのように元気になりました。

この食中毒にならなかったら、今でも指をなめていたかもしれません。つまり、ナデシコは食中毒になってよかったんだな。そしてそのおかげで友だちもたくさんふえました。

この時のニシキギ先生とクラスのみんなのおもいやりやさしさは、一生忘れることのできない思い出となったのでしょう。

よって、ナデシコは勉強になりました。

玄侑　最後の「よって」というのは、なかなか古い言い方をするね。指をなめていたせいで食中毒になったの？　どの指をなめるくせがあったの？

三澤　親指。

玄侑　指をなめなくなったのは、食中毒になったおかげかなと思ったのは、だれかに聞いたんじゃなくて、自分でそう思ったの？　すごいな。いい話でした。

---

「ケガの神様がついた」

**渡邉厚史**

あるペットショップで、二匹のハムスターが逃げ出しました。何百年たってセッツアというハムスターが生まれました。

セッツアが九歳のことです。今のすみかの工場ではしゃいでいたら、木材に目をぶつけました。医者の治療で二月六日に完治。一〇歳のとき、近くの山でねんざしてしまいました。先生の治療で一〇月二三日に完治しました。それからも何回も何回もケガをしました。

「どうしてケガをするんだ。木材にケガの神様がついてしまったのか」

しばらくケガの神様をおっぱらう方法を考えていました。そして、「そうだ、友だちに聞いてみよう」

ハムスターのジョセフに聞いてみた。

「注意深くしていればいいんじゃない」

それから少しして、遊んでいたらボールですべって転んでしまった。

「はぁ、注意深くしていてもケガの神様は出ていかない。はぁ」

そこに近所のおばさんが来ました。セッツアは、おばさんに自分のことを言ってみました。

「いっぱいケガをしても、みんなに親切にされていいと思う」

セッツアは友だちのアーロンにも聞いてみました。「心配されていいんじゃないか」

次は両親に聞いてみました。「おまえは小さい時から活発で、音楽を聞くとおどり出してたんだぞ」

親やアーロンに聞いたことで自信がつきました。

ある日、ハムスターかんこうという旅行会社が子どもたちを二泊三日の旅行に連れていくという計画を立てました。その時のスケジュールに川を下るというのがありましたが、注意深く行けばだいじょうぶだろうと思って出発しました。川下りの時間になりました。途中、岩に立って、足をすべらせました。が、バランスをとり直した時、アーロンが足をすべらせ川に落ちました。みんな笑い始めました。笑いながらセッツアは、足をすべらせた時にケガの神様がアーロンにとりついたんだな、と思いました。

玄侑　けがの神様は今はいないんだね。
菊田　ぼくについています。すごくけがしますよ。
玄侑　菊田君がアーロンなの？
菊田　すごくけがしちゃうんだよ、最近。

玄侑　出てきた人たちは、かっこいい名前でした。ありがとうございました。けがばかりしているという話も、あんなふうに工夫して書いてくれると、聞いていてとても楽しいです。

---

**「Z次郎のあだ名のうら話」**

**早川亮**

　Z次郎君には、悩みごとがありました。それは、あだ名で「ピー」と言われることでした。Z次郎君は、六年生でした。「ピー」というあだ名は、いつものように家で言われていました。

　このあだ名は、ずっと昔から言われていたような気がしていました。でも、だんだんはずかしくなってきたので、いやになってきました。

　ある日、このことを家族の人に聞いてみました。

「なぜ、ピーと言うの？」

「Z次郎だけでは、何かもの足りないし」

「親しみがあるじゃん」

「何かいつの間にか言っていた」

「愛着がつくと思う」

　などと言っていた。何かわからない。するとお母さんが、

「昔、かわいがるためにピーとつけたんだけど、大きくなってきたからZ次郎ははずかしくなってきたんだよ」

　と、言った。何となくわかったような気がした。

　その夜、変な夢を見た。そこは天国だった。神様が何かを書いている。

「何を書いているのですか？」

　思わず聞いてみた。

「あだ名です」

と神様は言った。神様は、ピーと書いていた。

「これはぼくのあだ名ですね」

神様はうなずいた。ぼくは、聞いてみた。

「ここにあるあだ名は、世界の人のみんなのあだ名ですか？」

「ここには、いいあだ名しかないよ。悪いあだ名は、地獄に書いてあるよ」

いつの間にか、Z次郎君は、地獄に来ていた。

えんま様が何か書いている。

「何を書いていますか？」

「あだ名だ」

やっぱり。だが、えんま様の書いたあだ名にピーというあだ名はなかった。

その時、目が覚めた。下に降りたら、「ピー」と言われた。やっぱりはずかしくなってきたのは大きくなってきたしょうこなんだと思った。

**玄侑**　結局、神様のところにはあって、えん魔様のところにはなかったんだから、ピーというあだ名はいいあだ名だと思ったわけだよね。それにしては結論が逃げていない？　恥ずかしくなったのは大きくなってきたから。今も言われているの？　でも、この作文を見せればやめてくれるかな。Z次郎って、もしかしてQ太郎から何かヒントを得ている？

**早川**　一応。格好いいような、格好悪いようなという感じにしたかった。

「校長先生は魔法つかい？」

高橋瑛梨奈

ある日、ルイ子という子どもがいました。

ルイ子には、一番仲がいい友だちがいました。その友だちがいた時は学校がとっても楽しかったんですが、五年生になった時に校長先生の魔法で、ルイ子とその友だちは、違うクラスになってしまい、ルイ子は、学校がつまらなくなってしまいました。

だから、そのことをお母さんに相談してみたら、お母さんは、「違う友だちができるじゃない」と言ってくれました。ルイ子は、お姉ちゃんにもきいてみました。

すると、「その友だちと違うクラスになったのはかなしいけれど、そのぶん友だちのわがひろがっていいんじゃない」と、言いました。だから、ルイ子は、違う友だちを作ることにしました。

そしてルイ子は、今まで同じクラスになったことのない人ともしゃべるようになり、友だちになったのです。

そのかわり、まえに一番仲のよかった友だちとは、あまりしゃべらなくなってしまいました。それはかなしいけれど、今は今で、友だちがいるので、それはそれなりに楽しいので、いい思い出になります。

だから、校長先生の魔法は、友だちをいっぱいつくるための魔法だったのです。

校長先生は、今もいろんな所でその魔法を、かけつづけています。

玄侑　その魔法をかけた校長先生というのは、この学校の校長先生ですか？　すごいな。魔法使いっぽい感じがする？　すごい発想の転換ですよね。魔法使いの校長先生が悪い役で終わるのかなと思ったら、最後にすばらしい魔法にしてくれて、すごくよかったです。

さっきはけがの神様だったけれども、今度は悪魔《あくま》だね。


「ケガの悪魔たちよ、さようなら」

**増子浩**

ムササビ町のある町かどの小さな団地にそそっかしい男の子がすんでいました。

男の子の名前は、にぼし君といいます。そのにぼし君には、ある悩みがありました。それは、ケガの悪魔たちがとりついていることでした。

にぼし君の一年生の時、友だちとはしゃいでいたら、ガラスにつっこんで血がいっぱいでてきました。ガラスにつっこむ前は、ケガの悪魔たちが「ガラスにつっこめ」と、頭に命令しました。ケガしたあと、病院で全治六週間の病院がよいでした。

夜、まい日のようにケガの悪魔は会議をしました。その悪魔たちは、「つぎ、いつケガをさせる？」「うーん、じゃ、にぼしが二年になったら」「よし」。

それから二年生になるまで悪魔たちは、さわいでいました。二年生になるまであと三日で、にぼし君は決意しました。「悪魔、はなれろ、はなれろ～」。でも、意味がありませんでした。一年生が終わり、二年生になってから四か月後、また悪魔たちが動きました。

にぼし君は体育が終わって「ふ～、つかれたけどおもしろかった～」と、友だちが「ほんとだな～」と話しながら歩いていたら、悪魔たちが「コケてケガしろ～」とにぼし君の頭に命令しました。にぼし君は、コケてつくえのかどにぶつけました。そしたら目の上を切って三針～五針ぬいました。

悪魔たちは三年生の時は休んで、四年生になってから動きました。悪魔たちが動いたから、指のこっせつをしました。だから、五年生になってにぼし君は、悪魔に立ちむかいました。にぼし君は悪魔に向かって「悪魔、はなれろ～悪魔、はなれろ～」と言いました。そしてついに悪魔たちをはなせられました。

あとのことは自分の運や、ケガをするところに行かないとか、自分自身のことだとにぼし君は思いました。にぼし君は言いました。

「いたかったな～」

玄侑　けがは最近はもうしないの？

増子　ボールを投げて跳《は》ね返って当たったりしている。

男子　まだいるんじゃない。

玄侑　悪魔は今どうしているのかな？

男子　またとりついちゃうんじゃないの。

玄侑　けがをした話だけれども、面白く聞けました。ありがとうございました。

「夢の意味」

橋本涼太

あるいなか町の明徳という町には、祥助さんという人がいました。祥助さんは、とても親孝行な人でした。でも、一つだけ悩みがありました。それは、毎日同じ時刻に同じ夢を見ることでした。それにその夢は、祥助さんにとってとても怖い夢で、なにかをうったえようとしている夢でした。

なので、祥助さんは、町で大人気のきっさ店で大親友と待ち合わせをして全部話してみました。そしたら、友だちはしんけんに考えてくれました。その結果、友だちはこんなことを言ってくれました。

「もしかしたら、祥助の亡くなったおばあさんが、亡くなってからも祥助のことが心配で夢でうったえているんじゃないかな」と言ってくれました。その帰り道、祥助さんは友だちに言われたことを考えながら電柱の下を通りました。

すると、電柱の工事をやっていた人が上から道具を落としてしまいました。「あっ」という間に道具は祥助さんの頭に落ちて、祥助さんはきぜつしてしまいました。

祥助さんがめをさますと、「天国行きはこちらです」という札がありました。その札の近くには、夢の製作所という店がありました。白い服を着た人たちは、みんなそこに入ってから天国へ行きました。そして、祥助さんが思い切って中に入ってみると、マンガ本をかくみたいに大勢の人が夢をつくっていました。でも奥の部屋にはテレビビデオがありそのテレビに札がありました。そこには、「メッセージ入りビデオ」と書かれてありました。

祥助は、思い切ってそこの係の人にたずねました。

「このビデオは何ですか」

「このビデオは、亡くなった祥助さんのおばあさんが、祥助さんが元気で明るい子になるようにという意味がこめられている夢なんだけど、祥助さんはどうしてもこわがってしまって、おばあさんの大切な思いを最後までお見せできなくてこまっていて。え〜。なんで祥助さんがこんなところにいるんですか。こんなところはあんまりはやくきちゃだめだよ。おばあちゃんに心配かけちゃうから」

と言ってじゅもんをとなえると、祥助さんは目をさましました。

まわりには大勢の人がいて、だいじょうぶかとか言われているなか、祥助さんは、あの時のことを思いうかべながら、あの夢はおばあちゃんからのメッセージだったから、前はしつれいなことをしたから、こんどまたあの夢を見たら、ちゃんとこわがらずに心の目でおばあちゃんのメッセージをうけとめたいと思っていました。

玄侑　気持ちもそういうふうになりましたか？

橋本（涼）うん。

玄侑　すごい話だね。夢をつくっている工場がある。怖い夢ばっかり見るというから、どういう話にしてきてくれるのかと思ったけど、おばあちゃんの願いがこもったメッセージだったのですね。いい話です。ところで電柱から道具が落ちてきて大丈夫だったの？

橋本（涼）あれはフィクションだから（笑い）。

**玄侑**　でも、話のなかでもおさまりをつけてくれないと、あれはどうなったのだろうと思っちゃうんだけど。結局、死なずに助かったということね。フィクションでも、最後はすごくいい話だった。

**男子**　フィクションとは思えなかった。そうだと聞いてびっくりした。

「K太朗君の冬の大変な体験」

**小澤郁**

K太朗君は、冬四十度の熱がさがらなくなってしまいました。一日じゅうねたっきりでした。だけれども、家にいてもなおらないので入院することになってしまいました。でも、入院してもなかなかなおりませんでした。病院の中での移動は、車いすでした。

一週間たち、やっとすこしなおりましたが、ひぞうがはれ、全体にしっしんができました。

K太朗君は、なぜこんなに体がよわいのでしょう。でもK太朗君は、体がよわくてとくしたことがあります。それは、となりのベッドにねている人に声をかけられたことです。

K太朗君は、はじめは、はずかしがって話をしませんでしたが、だんだんなれてきて話をするようになりました。こういった経験があり、社会性がつきました。

「病気はサインのようなもの。病気をしなかったらそのまま死んでしまうかもしれないです。病気は、入院して考えることだ」と言っていました。

「脳とは、コンピュータにあらわすと、CPUにあたる部分です。脳は、体のあっちこっちの細胞《さいぼう》と話をしています。細胞がむちゃな命令を出しすぎると、ストライキをおこして病気になってしまうのです」とも言っていました。

K太朗君は、この病気にかかって友だちや親の愛情をたくさんもらいました。その後、三週間たち、やっと退院できました。K太朗君はある人から、小さい時によわいと、大きくなるとつよくなったり、病気になると、体ががらっと変わることを聞きました。

K太朗君は、この病気にかかり、不幸だったけれど、とてもいい体験ができてよかったです。

**玄侑**　社会性っていうのはどういう意味？

**小澤**　前はいろいろな人と話ができなかったけど、入院してからけっこうできるようになった。

**玄侑**　コンピュータにずいぶん詳しいね。自分でコンピュータを持っているの？　すごいなあ。

「森の向こう」　**門馬愛**

ある日、犬のピーチが泣いていました。

「えーん、親友のバンビが隣町へ引っ越しちゃったよー」

と、町中、地震が起こるぐらいの声です。

そこへ、びっくりしたお母さんが、こんなことをピーチに言いました。

「ピーチ、そんなに悲しいんだったら、隣町に会いに行ったら？」というのです。ピーチはすぐに行きたかったけれど、隣町に行くには魔女の森を通らなければなりません。でも、バンビに会いたくて行くことにしました。

次の日、お母さんに見送られて出発しました。どんどん道を進んで行くと、モルモットさんに会いました。

「君、こんな所で何をしているの？」と聞くと、モルモットさんは、「おなやみ相談をしているんだよ。あなたのなやみも聞いてあげましょう」と、すました顔で言いました。

なのでピーチは、この旅に出た理由をしゃべると、「やめなさい。隣町に行くには魔女の森を通らなくてはいけません。それに、はなれていても友だちじゃなくなるわけではないでしょう」と、言われました。

しかし、ピーチは、「絶対に行きます」とモルモットさんに強く言いました。すると、「それなら、わたしの大事な足の速くなるくつをあげましょう。それで魔女を倒しなさい」と、くつをもらいました。

お礼を言い、また旅を続けました。

ちょっと歩くと、今度は鳥さんとネコさんに会いました。ピーチはやっぱり今度も反対されました。「その子と手紙の交換をすればいいんじゃないか」と鳥さんに言われました。

しかしピーチは行くと言い張るので、魔女と戦うための羽のついた飛べる服と力のはいる手ぶくろをあげました。元気が出てきたピーチは、さよならを言ってまた歩いていきました。

すると、公園で遊んでいる、たぬき、パンダ、子ぶたさんたちがピーチに近づいてきました。

「これからどこいくの」

ピーチは、これから魔女の森を通って、親友の所に行くことを話しました。すると、みんなが、「わたしたちも親友とはなれたことはあるけれど、他のみんなと仲良くなれたよ」と言いました。

するとと奥のほうから白くまさんがきて、「今の話は聞いたよ。それに、新しい友だちができるチャンスだと思えばいいじゃないか」と言いました。しかしピーチが、「絶対に行くんです」と言うと、みんなは、ぼうしと剣をくれました。

ばいばいと言って、魔女の森に着きました。みんなの言ったことを思い出し、魔女にここを通してくれるように言いました。魔女は太い声で、「わたしと戦って勝ったらいいぞ」と言ったのです。ピーチは自信満々に、「戦いは絶対に勝つ」と言いました。

そして、ピーチと魔女の戦いが始まりました。ピーチは羽で飛び、剣で魔女を倒しました。魔女の森をぬけて、親友の住んでいる家に着きました。

親友と一日ぶりに会ったのにピーチには何年も会えなかったように感じました。そして、次の日からは、親友がいなくても、ピーチはさびしがらずに元気にみんなと遊びました。

だって、離れていても、親友だから。

玄侑　お話を書いたのは初めてですか？
門馬　初めてじゃないです。理科で星を習ったとき、自分の星をつくって、それでできた物語を長々と書いた。
玄侑　お見事でした。

「七月の海」

菊田淳朗

ある所に、七八丸《ななはちまる》君という少年がいました。しかし、一つ不幸に思うことがありました。それは弟だということです。七八丸君はほとんどお下がりだし、兄にいばられることです。そのことをたまたま通りかかったきつねの兄弟に聞いてみることにしました。

まずは自分が弟で不幸だと思うことを言ってみました。すると、兄さんきつねが言いました。「けど、兄だと喧嘩《けんか》したって、お兄さんなんだから、とか言われたり、弟のことを遊びに連れて行かなきゃいけない時もあるから、弟のほうがいい」と言ってくれました。

弟のきつねが言いました。「弟だとお下がりが多いけど、例えば新品の服をやぶくとすごく怒られるけど、お下がりだとやぶいても、これ、古いから仕方ないねと言って、あんまり怒られないし、かわいがってくれる人が兄の時より一人多いから、ぼくは弟で良かった」と、意見を出してくれました。

その日、家に帰ってから七八丸君は、お母さんにも聞いてみました。そしたら、「七八丸が生まれた時は、お兄さんもとても喜んでくれて、いつも遊んでくれたんだよ。それに、みんなでかわいがってあげて、七八丸は王様みたいだったんだよ。それに一番上だとお母さんも張り切って勉強しなさいと言ってドリルを買ってきてやらせてたけど、二番目だとお母さんも母親二年生だから余裕ができた」と、言いました。

七八丸君は、そんなことは、ぜんぜんわからなかったので、それを聞いてびっくりしました。みんなの話を聞いてみて、七八丸君は、自分が弟でよかったと思いました。

次の日、海に行きました。七月の海はとてもきれいです。七八丸君の悩みはなくなりました。

玄侑　すごい。「七月の海」という題がいったいどうなのかなと思っていたら、そういうことだったのですか。
菊田　おれは誕生日が七月で「海の日」だったから、「七月の海」にしたの。
玄侑　七八丸君というのは何ですか？
菊田　ちょうど、七月だから七にして、そう来たら次は八月だから。
玄侑「七月の海」という題のつけ方はなかなかキザでした（笑い）。

---

**「ある森のできごと」**

**先崎まこ**

ある森に、うさぎがすんでいました。そのうさぎ君《ラビット》にはすごく仲のよかった友だちりす君がいました。でも、そのりす君はあるじじょうで、ほかの森へひっこしてしまいました。それからは、うさぎ君は元気がなくなり、さみしくなってしまいました。

それから三年後、きつねで仲よしの友だちに三年前ひっこしてしまった友だちのことを聞いたら、そのきつね君も遠くへ行ってしまって友だちとはなれたことがあり、うさぎ君の気持ちもよくわかると言ってくれました。

その日の夜に、お母さんにも聞いたら、手紙などで友だちとやりとりをしたり、それでいて、遠くの友だちを増やしたりしたことがあるし、転校した友だちの所へ行って遊べるじゃないの、と言ってくれました。

　つぎの日、お母さんが言ったことをためしにやってみました。そしたら、りす君から手紙が来ました。その手紙には、これからも仲よくしてね、などと書いてありました。その日から、毎日手紙を交換していました。

　うさぎ君《ラビット》は、前までおちこんでいたけれど、友だちやお母さんに聞いたことで、また、りす君と手紙のやりとりや、りす君のところへ行って、いっしょに遊んだりできるようになり、前よりももっと仲よくなったようでした。

**玄侑**　先崎さんは、遠くに転校しちゃった友だちがいるわけだよね。手紙のやりとりはしてないの？　でもしてみたいと思った？

**先崎**　うん。

**玄侑**　ぜひ、始めてください。ありがとうございました。

### 「ひいおばあちゃんからの贈り物」

**森村友香**

　マリモンは、いつもひいおばあちゃんといっしょでした。ひいおばあちゃんがつくってくれるおかずを食べて、おやつも漬物《つけもの》やまんじゅうなどが多く、遊び相手もひいおばあちゃんなので、普通の遊びのほかにお手玉やおはじき、あやとりだったりとちょっと変わっていました。

　でも、マリモンは、幼稚園に行っていたので帰ってきてから、遊んだりとかしていました。

ときにはいっしょに寝て、たまには外で遊んだりと、とっても楽しい日々を送っていました。

ある日のこと、幼稚園からの帰り道、歩いていたら、マリモンの父マリノリが来て、ひいおばあちゃんが亡くなったと聞き、マリモンは信じられませんでしたが、家に帰ってみると、本当に石のように固まっているひいおばあちゃんがいました。

ひいおばあちゃんの手は、いつもと違う冷たい手になっていました。そのことを、マリモンの母マリコに聞いたら、遠くに長い旅行に行ったとか、お星様になったとかなどと言われました。

でもそれは、死んでしまうということだとわかってからは、もう泣くのはやめようと思いました。

泣くのをやめたマリモンの成長ぶり。

例えば、なんでもいっしょにやっていたけど、一人でできるようになったこと。自分一人になったけど、遊んでばかりでなくなり、少しずつでもお手伝いをするようになったこと。いつもひいおばあちゃんがいたけど、一人でもいれるようになったことなどです。

このように、自分の気づかないところで、変わったということもわかり、ひいおばあちゃんからこんなによいことを教わったということがわかりました。これらのことから、マリモンは、「ひいおばあちゃんの贈り物」として、残していきたいと思います。

---

玄侑　いくつのときだったのですか、ひいおばあちゃんが亡くなったのは？
森村　八五か六。

玄侑　いや、いくつのときって、友香ちゃんが。
森村　わたしが六歳のとき。
玄侑　つらかったことだけど、こうやって書くことで少し変わりましたか？
森村　うん。
玄侑　ありがとうございました。
いよいよトリでございますが、トリは必死です（笑い）。もうすぐできる？
遠藤（駿）　じつはこれで四枚目なんです。
玄侑　ちょっと無理なの？　最後まで書いてないんだ。じゃあ五分間休みにします。その間に駿人《はやと》君は一所懸命書きます。できたら、発表をお願いします。

---

「バトンの思い」

**遠藤駿人**

この話の主人公は、バトンのパートンです。

じつはこのパートンは、陸上のリレーのバトンです。

ある日、パートンと友だちのラットン、ガットンが、話をしていました。

「ねぇ、ねぇ。もうちょっとで、県大会だね。今年は、どんな人が来るのかなぁ」

「わからないけど、たぶんいろいろな人がくるんじゃないの」

　パートンは、県大会が楽しみでした。

　県大会でパートンといっしょのグループは、三春小学校の人たちでした。三春小の人たちは県大会に向けて練習していました。
　○月○日、いよいよ県大会です。リレーの練習のとき、パートンは、はじめて組で走ります。はじめに、はじめていっしょにやる人たちを見ました。パートンは、いっしょうけんめい走る人の手につかまっていました。
　アンカーのやすゆき君に、りょうた君がパートンをわたし、なんと、一位になりました。だけど、タイムがおそかったので、B決勝になってしまいました。

　けど、パートンは、B決勝が一位だったら、別にいいな～と思っていたのです。たぶん、みんな、そう思っていたでしょう。決勝進出した人は、集まらなければいけなかったので、パートンや、三春小の人たちは、決勝進出した人たちのところへ行った。B決勝の人は、コースに立っていました。

　パートンは、一番目のけいすけ君の手に握られていました。てっぽうの音で、いっせいに走り出しました。パートンは、いっしょうけんめい手を延ばし、二番目を走る人の手につかまりました。二番目を走る人は、三番目のりょうた君の手につかまりました。

「このまんま、四番目を走るやすゆき君の手につかまり、ゴールをすれば、一位になれるかもしれない」

　パートンは、手を思い切りのばし、やすゆき君の手につかまろうとしたら、やすゆき君があわてて、早く出てしまいました。

「とどかないよ、やすゆき君」

　パートンは、大ごえで言いました。聞こえたのか、聞こえなかったのかはわからないけれど、やすゆき君は、とまりました。やすゆき君の手につかまりました。やすゆき君は、もうスピードで走りました。

だけど、四位になってしまいました。パートンは、やすゆき君やりょうた君を責めないです。それは、四位になったけど、みんながんばったからよかったと思っていたからです。

それに、それをきっかけに、リレーカーニバルでがんばればいいからです。

それから、リレーカーニバルが終わり、何か月かすぎたのに、やすゆき君は、まだ、ちょっと気にしていました。だけど、みんなは、リレーカーニバルの練習なので、失敗しないように練習できたからよかったと思いました。

だから、やすゆき君もりょうた君も、気にしないほうがいいよ。「パートンも、気にしないから」と、けいすけ君も思っているよ。

**玄侑**　バトンを渡すということは、パートンもやるんだね。バトンを落としたのは、半分はパートンにも責任があったし、パートンもがっかりしているわけだ。

**遠藤（駿）**　たぶんね。

**玄侑**　でも駿人君はよっぽど悔《くや》しかったんだね。

**遠藤（駿）**　そのときは。けど、今思えば、やっぱりそれはよかったことかなあと思っている。いろいろ聞いているうちに、ぼくと同じことを考えていた人がけっこういたんだなあと思った。

**玄侑**　ありがとうございました。

# 玄侑さんの講評とまとめ

## 物語を書いてみて

玄侑　クラス全員のそれぞれが物語を書いてくれて、それをみんなで聞かせてもらいました。わたしはとても面白かったです。みんなはどうでしたか？　いつも書く作文とはけっこう違うものが書けたんじゃないかな。

みなさんには今回、ずいぶん無理なお願いをして、「いやだなあ、つらいなあ」と思っていたことをわざわざ題材にしてもらいました。これから長い人生があるわけですけれども、いやなこととかつらいことというのはやっぱり起こってくると思います。

楽しいことも嬉《うれ》しいことももちろんあると思いますけれども、そういうつらいこととか苦しいこと、悲しいことが起こったときに、どうやって乗り越えていったらいいか。そういうことを考えてほしかったのです。

自分でこうなんだと思い込んでいる心というものは、いろいろな人から話を聞いたり自分でいろいろ考えることで、本当に変わることがあります。この授業で、「気持ちは変わる」というのを少しは感じ取ってくれたでしょうか。

みなさんの物語は、本当に面白かった。けっこう、とんでもないことを考えてくれました。けがの神様とか、人間が生まれる谷があるという話も面白かった。いやなあだ名のことをもう一回考えたりするのはとってもいやだったと思うけど、それでもやっぱり自分というものとまともに向き合って、いろいろな角度から見てみると、けっこう思い込んでいたのとは違う心が出てくるということがわかってもらえたと思います。

書くのが苦手な人もいるかもしれませんけれども、文章を書くということは、これから生きていくうえでけっこう大事なことだろうと思います。人と話をしているときは、やっぱり相手に応じた話をするんですね。だけど、自分そのものと向き合うということは、書くということでできるのではないかなと思います。

今日の体験を、これからの人生、長い長い人生になると思いますけれども、いかしてもらえたらとても嬉しいです。

でも、本当につらいこと、もっと人に言えないことがたぶんあるのではないかと思います。

だけど、今日書いてくれたことで、本当に苦しいことにどう対処していったらいいのかという練習をしてもらったわけです。きっとだれも助けてはくれない悩みもあるでしょうから、今日、練習したことを使って自分でよく向き合って考えて、そして乗り越えていってください。

人生にはいろいろなことが起こります。年表を書いてもらって、みんなの人生というものをまとめてもらいましたけれども、これからもっともっと予想もつかないようなことが起こってくると思います。今まで自分の人生はこんなふうだったなあと思っていることも、とんでもないことが起こってくると、また書き直さなければいけない。何度も何度も書き直して、自分のための物語を書きながら生きていくことになると思います。

生きていくということは、人生という大きな物語を書いていくことなんだろうなあと思います。だからその物語のなかで、苦しいこととかいやなことを全部抜いちゃうと、物語そのものが面白くないというか、浅いものになっちゃう。だから、苦しいこと、つらいことがあっても、それを何とか乗り越えて自分で味わえることに変えていったら、みなさんが不幸だと思っていることがすぐにみんなの魅力になってくると思う。だから「いやだなあ、不幸だなあ、つらいなあ」ということを切り捨てていくのではなくて、そういうことと向き合ってみて、今日やったような方法でじっくりと考えてみて、それを自分の一部にしていってください。そうすることで強く元気に生きていけます。

これから本当にわたしらの人生よりも、みなさんはもっともっといろいろなことがあるだろうと思います。今アフガニスタンで起こっていることも、これからどうなるかわからないし、日本でも何が起こるかわからない。三春町にも何が起こるかわからないですし、おそらくわたしなんかの人生よりも波瀾万丈《はらんばんじょう》な人生をみんなは生きていくのでしょう。けれども、どんなことがあっても、それと向き合って自分の人生の一部にして、魅力的に生きていってください。人の魅力というのは、その苦しいこと、つらいことにどういうふうにして向き合っていくかじゃないかなと思います。

文章を書くのが好きな人もきらいな人もいるでしょうけれど、たまには今日やったことを思い出して、自分のことをまた書いてみてください。

これほどいい話にしてくれるとは正直なところ思ってなかったのですけれども、本当に今日はいい話をたくさん聞かせてもらってありがとうございました。

**子どもたち**　ありがとうございました。

# 授業を終えて

## 玄侑さんの感想

――よくあそこまで書いてくれましたね。

わたしがオネショを打ち明けたからかなあ。なんかほんとにみんな真剣に取り組んでくれて感激ですね。

悲しみを転化《てんか》しようというふうに言っていたのですけれども、転化しきれない子もいましたよね。無理に転化しなくても、いずれ時間が転化してくれることもあるでしょう。

――三日間、子どもと過ごしてどうでしたか?

坐禅なんかしてもらっていると、本当に感じることなんですけど、子どもも大人もあんまり変わらないですね。ただ、自分の思っていることがなかなか表現しきれないというところが子どもはかなりあると思っていましたが、今日のを見ていたら、それも大丈夫かなという気がしました。

――子どもたちの作品と玄侑さんの小説の世界と通じるものはありましたか?

書くことで自分自身が救われていくということはやっぱり基本にありますし、書くことで新しい自分を発見していくという、それがわたしにとっての書くことですから、同じじゃないかなと思いました。子どもたちも、今日、そうしてくれたと思いました。

## 子どもたちの感想

**男子**　玄侑さんの授業は、お坊さんという感じもあったけど、作文を書いたことが、作家の授業みたいな感じだった。

**男子**　お坊さんという感じはしなかった。お坊さんだと、あらたまっている感じがするけど、玄侑さんは明るくて、面白い人だった。

**女子**　おっかないというのが最初に会ったときはあったけど、やさしくてよかったです。

**女子**　不幸なことを探して作文に書いてと言われたのはいやだったけど、そのあと、悪いことでもいいことに考えられるということがわかったからよかった。

**女子**　悲しいこととかつらいことでも、見方を変えれば嬉しいというか、楽しくなるということ。

**男子**　偉い人だと思っていたけど、話しやすいし、面白い人だった。不幸なことは相手にもうつるから、不幸なことじゃなくて、それを幸せにするというところが面白かったです。

**女子**　不幸だったのが、本当はいいことだったということがわかった。不幸があってもそのあとに、それはわたしにとってはいいことだったということがよくわかったし、やっぱり発表するときはすごく緊張したけど、実際やってみるとそうでもなかったと思いました。

――玄侑さんのオネショの話はどうだった？

**女子**　すごく勇気があるなあと思った。自分も本当に書いていいのかなと思ったけど、なんか勇気が湧いて書きました。

――授業でいちばんよかったのは何ですか？

**女子**　一つのことから授業がどんどん広がっていくのが楽しかったし、そういうのがいちばん心に残りました。

――一つのことというのは？

**女子**　花にたとえると、ヒマワリのタネからチューリップの花は咲かないけど、玄侑さんの授業の場合は、そのタネからいろいろな花が咲くような感じで、いろいろなことを学びました。

# 授業後インタビュー

## 光が射《さ》したり風が吹いて、闇は消える

――玄侑さんは、「人間にしか過去の色づけを変えることはできない」と話されています。

記憶という時間を蓄積していくのが人間です。それは、本来、良くも悪くもありません。しかし、どうしても人間というのは思い込みにとらわれて、そのことで、じつは悩みも大きくなったりするわけです。けれど、逆に悩みであったものを変質させることができるというのも人間だけが持っている力ではないかと思うんです。

――自分の思い込みを崩すのは、人の話を聞いたくらいで簡単にできますか？

自分の思い込みがそんなに深くなければいけるんじゃないかなと思うんですけどね。心のなかにわだかまっていて、不幸だと思い込んでいるものを闇にたとえると、その闇をどうにかしましょうと言ってるのではなくて、闇はそのままでも光が射せば闇でなくなるわけです。光が当たりさえすれば、案外、サッと変わるもんじゃないかと思います。

もともと自分の思い込みができあがるのにも、それほど緻密《ちみつ》な分析があってそうなっている

わけではないですから。言ってみれば、心に湧《わ》き起こった雲がどんどん自己増殖して、青空がなくなってることを忘れてるみたいなものです。風が吹きさえすればサッとなくなる雲なのかもしれないと思うんですけどね。本人は、今はそういうふうに思ってないでしょうけど、やっぱり風が吹いて、あるいは光が射して、青空が見えたり、闇が消えたりして初めて、「あっ、なるほど」って思ってくれるのかなと思います。

——玄侑さん自身を「照らしてくれる」人というのは？

自分とはまったく違ったことを信じて生きている人ですかね。わたしがぐずぐず迷ってるときにも、あれこれウロウロしないで、一つの宗教を信じて安らぎを得てる人たちの姿というのは、とても羨《うらや》ましく思えましたね。

わたしはそうできない質《たち》だった。あれも知ってみたい、これも知ってみたいということで、なかなか安心が得られなかったんです。どこまでいってもわからない世界があるということがわかったなら、案外、信じる余地があるわけです。わかることばかりなら、別に信じる必要はないわけですから、わからないところに信じるという行為が出てくるんだと思います。信じることによって、それが正しいか正しくないかにまったく関係なく、安心するんですね。

——子どもたちには、親の見方や似たような体験者に取材させました。玄侑さんご自身も、だれかに聞くことによって見方が変わった経験があるのですか？

わたし自身にとっては、二十代を自分がどう生きていったらいいのか悩んでいました。坊さんになる道と、ものを書いていく道が、二つながらというのはなんとなく無理なことなんだという思い込みがあったんですね。

二者択一は当然で、両方やりたいなんていうのはとんでもないという思い込みがどこかにあったんですよね。それであるとき、哲学の先生であった星清先生に相談したのです。

そしたら、「それだけ悩むんだったら両方やってみたら？　きっとうまくいくと思うよ」って言ってくださったんですね。「順番を決めることは必要だけど、両方やれるんじゃないか」って。

「急がば回れ」「善は急げ」とも言うでしょ。これは同じことに関してまったく反対のことを言っていますが、両方とも真実ですよね。ところが、「二者択一」に関しては、「二兎《にと》を追うものは一兎をも得ず」とか「虻蜂《あぶはち》とらず」という言葉しかわたしは知らなかったんですね。

ところが最近では、「二兎を追うなら十兎を追え」という言葉まで聞いたりする。まったく別な考え方じゃないですか。それを知るだけで、わりあいスカッとするときってありますよね。

それは、自分でじーっと考え込んでいても浮かんでくるものではないと思います。自分のこれまでの人生を考えると、突拍子《とっぴょうし》もないことというのは浮かんでこない。そうじゃなくて、いろんな人に対して自分を開いて、偶然というものをどんどん受け入れてみることで、思ってもいなかったアイデアが浮かぶことがあります。何かを考え始めると、そういうものに街で出会うことができると思うんですね。

ニュートンが万有引力を発見したことだって、そういうテーマで世の中を見ていたから、リンゴが落ちるのを見てああいうことを感じたわけです。テーマを持って街を歩いたら、きっと新しい考え方にも出会うと思います。

あまりにも楽観的と思われるかもしれないですけど、昨日の授業でも、おみくじで吉を引いたらいいことを探す目になるし、凶を引いたら今日はいやなことが起こらないように用心して過ごそうという態度になるという話をしました。何かテーマを持ってある時間を過ごすなら、漠然と過ごしていては見えないものが見えてくると思うんです。ですから、もっと敏感になってくると、だれかの関係ない行為を見ていても、「あっ、なるほど」というふうに思えることもあるのではないかと思います。

――星先生の言葉が玄侑さんの人生の決断にとって、決定的なものだったのですね。

星先生からは、「渋柿《しぶがき》が甘くなる」という話も聞きました。渋柿が、そのまんま甘くなるわけです。渋の部分が甘くなる。「君は今渋いけど、その渋がいつか甘くなるんだ」。そういう言葉を教えていただくことで、本当に光が射してくると思うことがあります。

わたしが渋柿のような顔をしてたんでしょうね。自分を不幸だと思い込んでいる渋さ。その渋いところが甘くなるんだということを言ってくれたんです。渋くなかったら、たいして甘くはならない。そういう柿もあるじゃないですか。だから今渋いのはいいことなんじゃないかって。それは、苦しんでいるときにはものすごく救いになる言葉でした。

――例えば、玄侑さんの苦しみって何ですか？

苦しみというか、簡単に割り切れないことが、わたしの周りでいろいろ起こるじゃないですか。それを現実の中では割り切って進まないといけないということがあって、そこで取り残されたものをあらためて見つめていくことで書いてるのかなと思います。

例えば、寿命というものはどう考えても理不尽なことがありますよね。病気になった本人も思うことですけど、どうしてわたしがこんなに早く死ななくてはいけないのか、そういう思いはやっぱり亡くなっていく人の大勢が感じることですし、どこまで生きれば十分かということも決まってないわけですけども、でも、それをわたしら坊さんという職業は、「引導を渡す」というんですが、この世とのお別れを媒介《ばいかい》しなくてはいけない。そこではある程度、理屈を考えようとするんですよ。自分なりに納得しようとするんですけども、どうもやっぱり無理があるっていうんですかね。あらためて考えてみたいということがつぎつぎに起こりますね。

## 禅はいまだわかりきっていない魅力的な世界

――中学、高校時代、僧侶という道を継ぐことを、どう思ってましたか?

子どもの目でお寺というものを見ると、人の家の不幸な出来事で生活しているような思いがあって、「ボウズ」というあだ名もいやでしたし、なりたくないと思っていたのです。けれども、中学くらいになると、宗教的なことというほど高度なものじゃないんですけども、父親といろいろ口論したり、議論したりしたんです。それで、どうもこの議論に勝つためにはもうちょっと勉強しなきゃいけないという思いがありました。自分でもだんだん歳がいってきますと、禅の語録を読んでみたり、あるいは坐禅の体験もしてみたりしているうちに、だんだんそれが魅力的に思えてきてしまって、いわばミイラ取りがミイラになっちゃったみたいな、そんな感じでしょうかね。

――どういうところが、魅力的に感じられたんですか?

なにしろ、いろんな人がみんな生き生き、明るい。

今、学校では個性というものを出すことを急いでいるような感じがするんです。けれども、ゆっくり出てくるのも早く出てくるのも、言ってみれば個性だし、いろんな人間がいる。くくりようもないくらいさまざまだという考え方が、なんとなく禅のなかに感じられたことはあります。ですから、禅というのは、なんていうんでしょうかねえ、いまだわたしがわかりきっていない魅力的な世界です。

——お父さんとされたのはすごい議論なんですか？

そうですね、お布施《ふせ》というものがよくわからなかったということがありますね。物に値段があるのが当たり前の社会ですから、そうでない社会のことがなかなか理解できなかった。それで、お布施って何なのかという、それは泣きながら議論するほど大きなテーマでしたね。

——玄侑さんは、お父さんとの議論では、やっぱり勝てないんですか。

ええ、父親との議論の中で、最後には「まだ経験してないんだから」ということを言われると、やっぱりどうしようもなかったですね。だから自分も経験してみようという思いが出てくるんだと思うんですけども、経験してみたらば、なんとこれは魅力的な世界じゃないか、ということになってしまった。

――二十代のとき、僧侶と小説家という道の二者択一で悩んでいたとのことでした。

二七歳で出家する直前までに、もし作家になってデビューしていたら、おそらく修行に行かなかったんじゃないでしょうかね。

――結局、デビューなさらなかったわけですけれども、それは今振り返ると、どういうふうにお考えですか？

ほんとによかったですね。あのときデビューしてなくて。

――それはどうしてですか？

今日、子どもたちにやってもらったような考えは、まったく手にしていませんでしたから、自分の人生とか世界とかに対する不平不満を書いて、人に読んでもらっていたんじゃないでしょうかね。渋柿のまんま人に食べてもらうみたいな。そういう作品も成立し得ますからね。でもそうじゃなくて、自分自身の渋が甘くなってから出られて、ほんとによかったと思います。

――出家して修行するというのは非常に厳しい世界だと想像しますが、その厳しさよりも魅力が勝ってしまったのですね。

修行が厳しいというよりも、自分がやりたくないことをやり続けなきゃいけないことのほうが、つらいことじゃないですかね。ですから、やりたくないという気持ちが変わらないままではいられなくなるんですよ。やっていることを好きになる能力というのを、人間はたぶん、だれでも持っていますから、やっぱり好きになっていったんだと思いますね。

それで修行自体が、とても楽しいものになってきたんじゃないかと思います。だから満員電車に乗って毎日通う人のほうが、もっとつらい修行をしているなと思っちゃうんですけどね。

何をやっているかじゃなくて、ほんとにやりたいことをやっているなら、ぜんぜんつらくはないですから。やりたくないのにやっているというのは、それを我慢といいますけど、我慢をしなくてすむように心をシフトする。

我慢というのを、仏教ではある種の傲慢《ごうまん》さというふうに考えます。だからある意味では、子どもたちには我慢せずに心をシフトする作業をやってもらったのかもしれないですね。

要するに、いやだと思っている心をシフトすることで、その出来事を受け入れることができた。そういう体験をしてくれたのかもしれません。

——僧侶になられて、「素敵な世界」だとおっしゃっていましたよね。

なんか和尚さんたちが明るいんですよ。やけに明るいんですね。それは禅の考え方のせいなのかなあという感じがあったんです。しばらくすると、それぞれの家風というものを最大限に認めるという考え方が禅にはあることがわかって、「あ、このせいなのかな」と思いましたね。他人という存在、他人には他人の家風がある。それで、わたしにはまだ家風はないけども、自分も家風をつくっていくということは、言ってみれば物語なのかもしれないですよね。ですから、他人と比較できない人生をわれわれは生きてるんだという、たぶんそういう認識が人を明るくするんじゃないでしょうか。あらゆる比較から解放してくれる。

――禅宗じゃなかったら、素敵な世界だとは思わなかったかもしれないのですか？

それはわかりませんけども、ただ、わたしはあちこち遍歴したあとでしたので、いろんな考え方を無理なくのせられる基盤みたいなものがほしかったんだと思います。基盤にするのに禅の考え方というのはとてもよかったんです。

――心というものは本来、何もない空っぽなものだと言われました。

本来空っぽなものが、心だと思うんです。心はがらんどうなんだと思います。自動車のギアにたとえるなら「ニュートラル」。ニュートラルの状態に心をいったん戻してみてはどうかということです。悲しい出来事が起こっている。それを目の前にして、もちろん悲しいときは泣きたくなるわけですけども、でも、純粋に目の前のことを悲しむためには、心をいったんニュートラルにするのがとても大事なんじゃないかと思います。そのとき、姿勢が影響すると思います。背筋を伸ばしてみて、悲しみにくい体勢にして、心をニュートラルな状態にしてみて、それでも残ってるぶんを悲しめばいい。

体が心を誘導しているところがかなりあると思うので、せめて体をニュートラルな状態、背筋を伸ばして、呼吸を深くゆっくりしてみる。それでも悲しい部分を泣けばいいし、嬉《うれ》しい部分を喜べばいい。自分の体で、悲しみとかをあんまり増殖させないほうがいいと思います。

案外、心って体でこんなに変わるんだということを子どもたちに体験してほしかったですね。

## 人生の物語は自分でつくる

――「人生は物語」とおっしゃいました。

本当のことを言うと、たぶん人間は、ただ生まれて、ただ生きて、ただ死んでいくんですよね。ちょっと変な言い方ですけど、一日という時間であっても、必要のない部分を切り捨てることでストーリーはできます。まして人生ならなおさらで、ストーリーにしがたいところを切り捨てることで自分の人生を語ることができるわけです。

ですから、その際にいちばん切り捨て方が激しいのが、「幸せだ」あるいは「不幸せだ」と語ってしまう場合。それは、その半分を切り捨てないと、自分の人生を語れないわけですから、そんなことをしてしまったのでは、切り捨てられる人生がもったいないじゃないですか。

そういう「幸せ、不幸せ」「良い、悪い」ということではない見方ならば、もっと自分の人生が拾えるわけです。そこに与えるストーリーは、「幸せ、不幸せ」よりも、もうちょっと複雑になります。「幸せ、不幸せ」に代わる何か、人生に対する見方とでもいうんですか、そういうものをあちこち歩き回って聞いて見つけたならば、自分のなかで今まで切り捨てようと思っていた部分が復活するじゃないですか。そうすると自分の人生が広くなる。広くなるから深くなるということがあるのではないかと思います。

幸せだとか不幸せだというのは、常に比較の問題です。結局、この世に「わたし」という人間は一人しかいないわけですから、じつはだれとも比較できない命を生きているんですよね。でもやっぱり、学校でもどこにいてもそうですけど、子どもたちは常に何かと比較してるし、比較されている。これって、とてもしんどいことだと思うんです。われわれは人と比較されるような基準なんて認めたくないですよね。だから、比較できない生き方を表すのが、自分だけの「物語」なのです。そして、それは棺桶《かんおけ》の蓋《ふた》がおさまるときに初めて終わる物語だと思います。

——それは、自分が努力してつくらないといけないということですか？

そうだと思います。

——玄侑さんにとっての「物語」とは何ですか？

自分の人生を捉えるときに、より幅広くいろんなことを捕まえることのできる「手」みたいなものですかね。

「物語」というと、人に語るものとか文章に書いたものだと思われるかもしれませんが、そうじゃなくて、人生というものを捕まえること、自分で捕まえることにも、ある種の物語がある。じつは「物語」を自分でつくることで、人生を捕まえているという気がするんですね。

人生にはいろんなことが起こりますから、全部取り込んだら話にも何にもならないわけです。そして、言いたくない、話したくないことをばっさりと切り捨てることによって、都合のいい、薄っぺらいお話を仕立てたりするわけです。幸、不幸ということでいえば、本当に不幸なことというのは、人に語ることもしないし、ものに書くこともしない。ということは、自分のなかで考えることも避けていて、切り捨てていると思うんですね。

でも、野菜なんかもそうですけど、切り捨てたところにじつは栄養があるんだよという感じがするんです。だから、不幸だと思い込んでいることを、別の見方でもう一回血を通わせてやると、幅広く自分の人生が掬《すく》える。そうなったときに、「物語」が豊かになる。

例えば、渋柿のままでは自分でも食べたくないし、人にも食べさせたくないわけですけども、渋柿がちょっとしたことで甘くなりますよね。あれと同じように不幸だと思って自分のなかで食べないでいた部分が、何かのきっかけで味わえるものになるといったときに、その不幸というのを自分の物語のなかに取り込むことができたということだと思います。ですから、甘酸《かんさん》辛苦《しんく》という四つの味わい、あるいは渋さというものも含めて、いろんな味わいがあったほうが自分の人生は豊かなんだと、それで初めて、自分の人生からあんまりたくさんを切り捨てなくていいようになると思います。

歳をとっていけば、どんどん過去を味わえるものです。こんなに味わえる、味わえたら楽しいだろうなというものは、自分の人生のほかにないわけです。つらいことも辛《から》いという味として、苦しいことも苦《にが》いという味として味わえるようになったら、かなり自分の人生が豊かなものに感じられる。自分の生きてきた時間をできるだけ捨てない、鍋《なべ》料理みたいなもんですかね。

結局、ごった煮《に》なんですね。いろんな経験をしますし、いろんな材料で、わたしという鍋に入れて煮ているようなものです。やっぱり過去の時間もわたしのなかで今も生きてるわけですから、一つの鍋に入れて煮込んでいるみたいなもんじゃないでしょうかね。だから、いろんな味があったほうが豊かな鍋になる。その鍋というのが物語なんですかね。

## なぜ小説を書くか

――いつから小説家を志したのですか？

小説家という言葉で志したのは、大学生くらいじゃないですかね。そのころは、宗教的というより、自分の身の振り方に悩んでいましたから、そのことを書き始めたんですね。ものを書くことが自分の人生みたいなものを考えるときに、とってもいい手段だと思いました。

――二十代はどんな青春時代でしたか？

暗ーい青春時代でしたね。というか、青春って、闇に咲く徒花《あだばな》みたいな、つらくって苦しい時間がすごく多いものなんだと思っています。自分の進む道が二者択一じゃなくて、両方やってみようと思えたときに、本当に地平線が広がったような感じを持ちましたね。それまでは先が見えない穴蔵《あなぐら》に住んでいるみたいな感じでした。二度は過ごしたくない時間ですね。

――僧侶として戒名をつけることと小説を書くことが関係しているとおっしゃっていました。

非常に少ない文字数で亡くなった人を偲《しの》ぶイメージをつくるというのはかなり難しいことですし、どんなに上手にやったとしても、切り捨ててしまっている部分が気になって仕方がないんです。ときにはよく知ってる人が亡くなったあとに、その人を思い出すための物語をうまく提供できたかと心配になるときがあります。たいていは、やっぱり忸怩《じくじ》たるものがありまして、たぶんそれが溜《た》まって、書きたいという気持ちになったのかなと思います。

――それは何を書きたいのですか?

直接的なかたちでは出てきませんけども、その人にまつわる話だったり、わたしの作品のなかにはそういう亡霊のようなものがたくさん入ってるのかなと思います。

――『中陰《ちゅういん》の花』でもそうですか?

うーん、小説はたいていテーマがけっこうはっきりしています。『中陰の花』の場合には、「わからない」という事態を肯定しながらそれを正面から描いてみたかったということなんです。わからないこと、わからなかったことがたくさん出てきます。

死後のことというのは、まあ、われわれ自身はそういう意識でなくても、坊さんっていうものは、どうしてもそういうことの専門家みたいに見られるところがあると思うんです。だけど、じつはわれわれにもわかってはいないんですよということをまず申し上げたかった。でもわれわれは、いろんな物語のなかから、じつは自分に見合ったものをつくりあげていいんじゃないかという気分があったことは確かです。

――『中陰の花』に限らず『水の舳先《へさき》』でも、死の場面に主人公が深くかかわっていますが、どうして死の周辺を描くんでしょうか?

死の周辺というのは、人間のテンションが高くなりますので、いろんなものが見えやすいという状況になると思います。われわれはわりあいそういう時間を人よりも多く経験させてもらっているので、そういう濃密な時間のなかで、そういう時間そのものを演出している部分もあります。いろんなことを考えるのにはとても面白い状況なのではないかと思います。

――僧侶というお忙しい職業になってから、どうして書こうと思われたのですか?

書く前には、お寺の催し物をやっていたのです。今、文化センターなんかでやっていることを昔はお寺でやっていました。そういう機能をお寺に取り戻したいということで、いろんなイベントをしてきました。そのときの演出のシナリオを書いたりして、けっこう楽しくやっていたんですけども、どうしてもイベントというのは流れていくものです。またそこに面白さもあるんですけども、流れ過ぎずに、もうちょっと引っかかって考えてもらうことができないかという思いがありました。それはやっぱり書くことだったんだと思います。

——何をつかもうとして玄侑さんは小説をお書きになってるんですか？

書いてきてかなりの枚数までいきますとね、自分が頭で考えて予定していた以外のことが起こってくるんですよ。なんていうんですかね、登場人物が勝手に動き出すっていうんでしょうかね。それは自分が知らない自分に出会うということなのかもしれません。それが楽しくてやってるんじゃないでしょうか。

わたしはけっこう、社交性があるんです。だから相手に応じて、ああ言えばこう言う的に出てしまう自分というものがあって、それで済ませてしまうと見えてこないものがあると思います。やっぱり、書くという行為のなかで初めて出会える自分があるんだと思います。

そのことで、しなやかになっていくというか、腰が強くなっていくというか、何ていうんですか。わたしは相撲《すもう》が好きなんですけども、相撲でいうと、いったん負けそうになるんですけど、ものすごく粘《ねば》り腰《ごし》というか、崩れそうになった腰でも回復できるような力士がいるじゃないですか。ああいうことが頭の中で起こると思うんです。その歯止めが効くというか、それがやっぱり生きていくうえで、あったらとってもいいんじゃないかと思います。

## 死後の世界

——死後の世界は「僧侶である自分もわからない」と言われました。それは僧侶として、いつもそういうスタンスですか？　例えば、檀家《だんか》さんなどで悩みを抱えていらっしゃる方と接する場合でもそうですか？

それは本当に、相手に応じてです。もういいお歳になっていて、極楽浄土《ごくらくじょうど》があると信じていて、それで、「和尚《おしょう》さん、極楽ってありますよね」って聞かれれば、「ありますよ」って答えますよ。「ありますよ」とは言わないかもしれませんけど、「うーん、あるんじゃないですかね」くらいは言うかもしれません。けれども、今、「ありますよね」って聞く人は、ほとんどいなくなってきてるんです。

死後の世界というのは、生きている時間が何らかの形で死後も続くんじゃないかと思えることです。だから人生最期の時間にとても安らかさを与えてくれる考え方だと思いますが、本当はわからないんですよね。仏教的なビジョンというのはもちろんありますが、それもいろいろ知ってしまうと、「極楽浄土」ということをスッと言えるものでもありませんし、われわれがいちばんわからないというか、迷っているのではないでしょうかね。

失礼な言い方ですけど、シロウトさんは突っ走れる。あるビジョンを与えられると、もうそれしかないって走れるんですけれども、われわれは、いろんな宗教に触れているので、こういう考え方もある、ああいう考え方もあることを知ってしまっているわけです。

ですからやっぱりそれは、人類が文化としてつくりあげてきた「物語」なんだと思っていますから、じつのところ、どうなのかというのはわからない。でも、わからないけども生きていくために、人生に安らぎを与えるためにも「物語」が必要なんだと思うんですね。

それは、ちょうど死後のことになんらかの「物語」を考えて安心するのと同じように、じつは、生きている間もなんらかの「物語を生きている」というふうに思うのです。幸とか不幸という単なるラベリングではなくて、もっと味わい深いこと。いいと思っていることも悪いと思っていることもひっくるめられる物語を考えてくれたらなと思いますね。

——死後のことや、死に向かう人の癒《いや》しをテーマにしたり、それもやはり新しい自分を得たいからですか？

そうですね。わたしは阿頼耶識《あらやしき》に出会う旅ということを言ってるんですが、仏教では、阿頼耶識というところに今までのあらゆる経験や知識がおさまっていると考えているんです。でもそれは、めったなことでは表に出てこない。それなのかなと思うんですね。書いていて、本当に没頭してきたときに、人によっては、天から天使が降りてきて助けてくれるみたいなことを言う方もいらっしゃいますけど、わたしはなんとなく阿頼耶識にたどりついて、そこからわたしの知らないものがどんどん出てくる感じで書けるときがあるんですね。それがある意味では自分を超えた自分。それに出会えるという喜びが書くことであるような気がします。

今回子どもたちにしてもらったのは、阿頼耶識の一つ表層にある末那識《まなしき》への挑戦。つまり本来指向性を持たない無尽蔵の阿頼耶識に、なんらかの一貫性を求めるはたらきが我々のなかにはあって、それを仏教では末那識と呼んでいるのですが、それならばどんな一貫性を持つのか真剣に考えようよ、というのが今回の授業だったんだと思います。

末那識の根源は自己愛・自己執着だといわれるのですが、それならどんな「物語」で人生をまとめ、どんなふうに自己愛を実現するのか、ということですね。

自分で小説を書くのはその「物語」のさらに奥まで進みたいからですが、子どもたちにはその手前までを望んだわけです。だけど案外、子どもたちもいわゆる集合的無意識とユングが呼んだ阿頼耶識に触れてるのかもしれませんね。自分でも驚くようなファンタジーに出会ったんじゃないでしょうか。

## 授業を終えて

——子どもたちに作文を書いてもらってどうでしたか？

口で語るということは、語る相手に応じた語り方を知らず知らずのうちにしていますから、本当に自分が見つめた自分というものはやっぱり文章で書くしかないと思います。

自分で自分を見つめるということは、あんまりやったことがないと思います。その経験をしてもらいたい。それには、やっぱり書いてもらう必要がある。ただ、自分自身というものはわかりにくいものですから、三人称の名前を使ってみることで自分からは距離をおいた見方ができるんじゃないかというたくらみです。

三人称で書くと、発想がある程度自由になりやすいんじゃないでしょうか。「わたしは」と書くと、外から見てる感じがないじゃないですか。「わたしらしき人物」を外から見てみるという今までとは違った方法で、「わたし」をもう一回照らしてみる。

切実な問題を書けば、みんなそれぞれにすごいものを書きますね。だから、ふだんの作文の授業とか、自分にとってはあまり興味のないことも書かなきゃならないような場面では、技術的なことがすごく問題になったりするんだと思います。だけど、今日は本当にみんなよかったですね。みんながそれぞれ切実に考えてくれた結果だと思います。

大人にすれば当たり前すぎるようなことでも、子どもはけっこう別の視点を発見することができて、しかも、かなり素敵なファンタジーになっていました。こういう体験があるのとないのでは、たぶん違ってくるんじゃないですかね。

ファンタジーって、ほんとに苦しいときに人間が欲するものなのかもしれないですね。そういう考えが浮かぶだけで救われるという面があるのかもしれないですよね。

今回は虚構《きょこう》、フィクションを使ってもいいし、主人公の名前も何でもいい、動物を出してもいいという、そういう自由ななかでやってもらったのがよかったんじゃないですかね。たぶん今までの作文では見せられなかった自分を、今回はけっこう見せてくれているのではないかと思います。

授業の場

# 福島県田村郡三春町立三春小学校

三春小学校は一八七三（明治六）年、旧三春藩演武場に第一温知小学校（男子）として開校。秋田武二郎家屋に第二潤身小学校（女子）を開校。一八七六（明治九）年、磐前県師範学校伝習所付属小学校（男女合併）となる。一八八九（明治二二）年、大町、旧御殿跡に校舎を新築。

一九四七（昭和二二）年、学校教育法施行により三春町立三春小学校と改称、現在にいたる。

三春町のほぼ中央部に位置し、三春市街の東方にある標高四〇七メートルの大志多山《おおしだ》に築かれた旧三春城（舞鶴城ともいう。現在は城山公園）の一角にある。校門には、旧三春藩校所の表門であった明徳門（寛政年間の建築）が移築されている。

玄侑さんのお寺（臨済宗妙心寺派の禅寺）は、この学校のすぐ近くにある。

〈番組名〉人生は自分が作る物語
ＮＨＫ「課外授業 ようこそ先輩」制作グループ

| | |
|---|---|
| 制作統括 | 土谷　雅幸 |
| | 高瀬　雅之 |
| プロデューサー | 高瀬　雅之 |
| 演出 | 川崎　直子 |
| 構成 | 高橋　照子 |
| ナレーション | 坂井　真紀 |
| 撮影 | 渡辺　一志 |
| | 長谷部　雅治 |
| 取材 | 小林　陽子 |
| | 鶴巻　日出雄 |
| 共同制作 | ＮＨＫ |
| | ＮＨＫエンタープライズ21 |

本書は、上記NHK総合テレビ放送番組とその取材ビデオをもとに再構成しました。

装幀／後藤葉子（QUESTO）

玄侑宗久　ちょっとイイ人生の作り方　課外授業 ようこそ先輩　別冊

2002年4月21日　初版第1刷発行
2008年1月31日　初版第3刷

編　者　NHK「課外授業 ようこそ先輩」制作グループ
KTC中央出版

発行人　前田哲次
発行所　KTC中央出版
〒111-0051
東京都台東区蔵前2-14-14
TEL03-6699-1064

編　集　(株) 風　人　社
東京都世田谷区代田4－1－13－3A
〒155-0033　TEL 03-3325-3699
http://www.fujinsha.co.jp/

印　刷　図書印刷株式会社


ISBN978-4-87758-241-8　C0095

別冊 課外授業 ようこそ先輩

国境なき医師団 ：貫戸朋子

| | |
|---|---|
| 山本寛斎 | ハロー・自己表現 |
| 小泉武夫 | 微生物が未来を救う |
| 丸山浩路 | クサさに賭けた男 |
| 吉原耕一郎 | チンパンジーにハマった！ |
| 岡村道雄 | やってみよう 縄文人生活 |
| 高城 剛 | まぜる!! マルチメディア |
| 綾戸智絵 | ジャズレッスン |
| 紙屋克子 | 看護の心そして技術 |
| ちばてつや | マンガをつくろう |
| 名嘉睦稔 | 版画・沖縄・島の色 |
| 小林恭二 | 五七五でいざ勝負 |
| 瀬名秀明 | 奇石博物館物語 |
| 須磨久善 | 心臓外科医 |
| 見城 徹 | 編集者 魂の戦士 |
| 榊 佳之 | 遺伝子 小学生講座 |